计秋枫 著

中国外交历程

1949-1989

南京大学出版社

图书在版编目(CIP)数据

中国外交历程：1949—1989 / 计秋枫著. — 南京：
南京大学出版社，2018.3
ISBN 978 - 7 - 305 - 20019 - 9

Ⅰ.①中… Ⅱ.①计… Ⅲ.①外交史—中国—1949 -
1989 Ⅳ.①D829

中国版本图书馆 CIP 数据核字(2018)第 055833 号

出版发行　南京大学出版社
社　　址　南京市汉口路 22 号　　　　　邮　编　210093
出 版 人　金鑫荣
书　　名　**中国外交历程：1949—1989**
著　　者　计秋枫
责任编辑　官欣欣　　　　　　　编辑热线　025 - 83593927
照　　排　南京南琳图文制作有限公司
印　　刷　南通印刷总厂有限公司
开　　本　718×1000　1/16　印张 14.25　字数 248 千
版　　次　2018 年 3 月第 1 版　2018 年 3 月第 1 次印刷
ISBN 978 - 7 - 305 - 20019 - 9
定　　价　58.00 元

网址：http://www.njupco.com
官方微博：http://weibo.com/njupco
官方微信号：njupress
销售咨询热线：(025) 83594756

前　言

　　本书作者1990年代初在南京大学历史系为国际事务专业班讲授过几轮"新中国外交史"课程;2000年后,作者几乎每年开设一次全校性的公共课程"中华人民共和国外交史",每次有来自文理科各院系的约200名同学选修。几年前,这门课程被列为全校通识课,其间,超星集团录制了作者的教学视频,列入其公司的"学术视频"栏目在网上公开播放。南京大学出版社杨金荣博士多次与作者谈论起"固化"我校教学改革成果、出一套南京大学"通识课程教材"系列的想法,作者深为赞同。也是在他的力推下,作者开始将积年的授课心得整理成文。

　　作为一本通识课程读本,本书只能展示中华人民共和国对外政策前40年里发展演进的大线索,而无法阐述该时期中国外交的方方面面。因此,本书按专题撰写,11个专题也构成了全书的11章,各章所述或是某个时间段里中国外交的总体态势,如第1章、第8章、第10章、第11章,或是某一个或几个重大事件,如第2章、第3章、第4章,或是中国与某个国家之间关系的发展变化过程,如第5章、第6章、第7章、第9章。虽然内涵特质不同的各章混合编排,颇似犬牙交错,但由于大致按时间顺序编排,故应该不至于影响大线索的呈现。此外,序言部分最扼要地阐述了自先秦至1949年新中国成立前夕两千多年里中国与外部世界关系的演进过程,旨在为新中国外交的开端提供一个历史背景;而结语部分则最简单地叙述了1989年以来中国外交的大趋势,旨在稍稍弥补本书未能从容叙述最近30多年事态进展的缺憾。

　　为便于非历史学或政治学专业的学生使用,本书每章附了"大事年表"、"重要知识点"、"思考题"和"延伸阅读"板块,它们或可引导有兴趣的学生做进一步的自主学习。同样,书中提及的外国人名和专有名词等,也尽可能地在第一次出现处附上了西文拼法并在全书后做了索引以便于查找核对。当然,也是出于便于非专业学生使用的考虑,本书的"延伸阅读"的书目仅选取了一般图书馆常见的中文书著和译著,而没有收录一些本可收录的研究力度深、学术价值大的外文著作。

　　作为一本课程读本,本书努力做到所述内容如时间、地点、人物、过程等数据的准确，尽管它没有像专题著作那样用详尽的注释来表明数据的准确性。作者也不满足于罗列事实，相反，作者时时忍不住地将自己对这些事实的看法和评判写入书中。从首次开设这门课程到整理这部书稿，作者始终如一的意愿是向学生们表达一种内心的深切感受：在冷战大背景下，新中国外交所走过的路途是多么艰辛！共和国领导人为确保国家利益是多么殚精竭虑！从中也可领悟到今天我们所处的国际境遇是多么来之不易！作者努力讲述一部真实的新中国外交史，但作者不能保证完全客观地讲述所有的事情——事实上，在人文社科领域，所谓的"纯客观"要么是一种不切实际的幻想，要么是一种自欺欺人的吹嘘。一个人怎么可能不带任何主观意识地去看待由有着主观意识的个人组成的人类社会之事态呢？涉及本书更是如此。这是一本由中国人写的关于中国外交史的书，作者必然以个人意识和思维来看待诸多事件，而不可能以其他的身份视角来做所谓"纯客观"的叙述。因此，如果书中出现错误，那不应归因于作者的阐述角度和思维情感，只能归因于作者个人的学识有限。

作者一直自感个人才识不足以在这个领域出版书著，因为作者并没有在该领域做过什么扎实的专题研究。比起国内该领域的一些杰出学者来，作者实在是惭愧不已。但恰恰是作者景仰的大家如陶文钊、沈志华、杨奎松、李丹慧等人基于挖掘档案资料的精湛论著提供了充分的营养和启发，让作者勉强有勇气整理这本课程读本。在此作者要郑重向这几位先生和其他那些作者借鉴了其研究成果的学者表示深深的感谢。当然，作者最要感谢我的好友杨金荣教授，正是他不断的鞭策和热情的鼓励，生性懒散的作者才下决心整理讲稿。作者还要特别感谢同门师友宋黎明先生和杨桦女士，他们认真审读了书稿，指出了其中的一些错误并提出了许多宝贵的建议；毕业于莫斯科大学的李冠群博士帮我核对了书中的俄文原文。最后，还要感谢本书的责任编辑官欣欣，她认真细致的工作保证了本书的面世。

目　录

序言:中国同外部世界关系的历史演进

在讲述中华人民共和国的外交历程之前,我们有必要首先来了解一下中国同外部世界关系演进的历史,以便清楚地认识古老的中国是怎样走到 1949 年 10 月 1 日这个划时代的日子的。

一、传统中国的"天下观"

世界的中心

在中华文明形成的过程中,产生了一种把整个世界看作一体的"天下观"。这种观念认为,"天下"就是一整块由大海环绕的陆地,故也可称"四海之内";天下可按"井字形"划分成九块,而华夏族人居住的便是其中最正中的一块,故曰"中国",即"中央之国";按中国早期的典籍《尚书》的说法,中国本身还可按"井字形"再划分为九块,曰"九州";在整个天下,以中国统治者居住的王都向外,以距离远近依次分为甸、侯、绥、要、荒五服,所谓"五百里甸服,五百里侯服,五百里绥服,五百里要服,五百里荒服"。这是一种以一个中心为基点向外做依次辐射的地域划分观念。

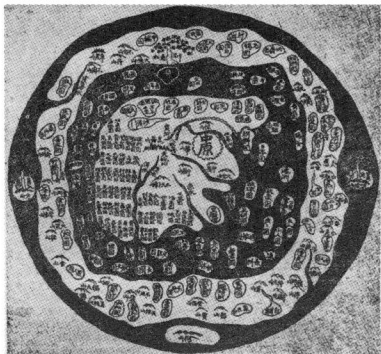

图 1　中国古人的"天下"想象图,出自《山海经》

华夷之辨

"天下观"还认为,中央之国的华夏族人绝对优于四周地区的非华夏族人,也即"夷狄"或"蛮夷"。非华夏族被认为(或至少被描述成)茹毛饮血、落后野蛮的原始民族，如《礼记·王制》称"东方曰夷，被发文身，有不火食者矣。南方曰蛮，雕题交趾，有不火食者矣。西方曰戎，被发衣皮，有不粒食者矣。北方曰狄，衣羽毛穴居，有不粒食者矣"云云。所谓"不火食"即生吃食物，所谓"不粒食"就是不会耕种稻麦。基于这种心理上的优越感，天下观理所当然地认为华夏族凌驾于非华夏族之上，同时也赋有教化"夷狄"的责任，要努力实现"四夷归附"。

当然，所谓华夏和夷狄之分，并非以人种血统为标准，而是以文化的高下做区分。孔子在《春秋》中称"夷狄入中国，则中国之，中国入夷狄，则夷狄之"，清楚地表明中华文明并无种族壁垒，非华夏族人只要接受中华文明，就完全能成为其中的一部分。孔子进而主张"远人不服，则修文德以来之，既来之，则安之"，这表明孔子期盼华夏文明的自然扩展。正如美国汉学家列文森（Joseph R. Levenson）所言："中国人古来并不重视异民族的肤色容貌，而只重视它的政教礼乐。"亦如香港学者金耀基先生所言："中国是一个国家，但它不同于近代的民族国家（nation-state），它是一个以文化而非种族为华夷区别的独立发展的政治文化体，或者称之为'文明体国家'（civilizational-state），它有一独特的文明秩序。"

天下一统

基于这种优越感，天下观认为中国的统治者（先秦的夏商周诸"王"和秦以后的"皇帝"）也是整个世界的统治者，恭承天命，君临万民，故称为"天子"，意为上天之子，是由上天指定的天下共主。这种理念体现在中国最早的诗歌集《诗经》的著名诗句中："普天之下，莫非王土；率土之滨，莫非王臣。"需要指出的是，中国人心目中的"天子"是独一无二的，如同太阳一样，故有"天无二日，民无二主"的说法。

中国最高统治者从来都坚信天下只能由自己一人统治，不可能有其他与自己地位平等的君主存在。公元7世纪初，当隋炀帝在读到日本国使节奉上的国书中写有"日出处天子致书日没处天子无恙"时，大是不悦，谓鸿胪卿曰"蛮夷书无礼者，勿复以闻"。公元10世纪，北宋开国皇帝赵匡胤在回复南唐王朝的质疑时，进一步堂而皇之地表达了这种根深蒂固的理念："不须多言。江南亦有何罪？但天下一家，卧榻之侧岂容他人鼾睡？"固然，北宋王朝始终未统一中国本土，但重要的不在于能否实现"大一统"，而在于能否坚持"天下一家"的理念。

二、封贡体系

天下秩序的性质

按照传统的天下观，中华帝国逐渐在东亚构建了一套理想的对外关系模式，即所谓的"封贡体系"，也称"宗藩体制"或"华夷秩序"。封贡体系全然排斥我们今天所说的"国家主权"概念，否认任何平等的国际交往关系。封贡体系是古代中国人文化优势的自然结果，逐渐被统治者用来实现自保的政治目的；在实践中它具有非常根本和重要的贸易基础，而且充当了中国国际关系和外交的媒介。

在近代以前，东亚地区与西方长期隔绝，形成了一个基本封闭的独立区域，而中国地大物博、历史悠久，周边地区特别是近邻国家都深受中国文化，如汉字、儒家思想、科举制度和君主制度等等的影响。中国以自身强势的文化和实力理所当然地成为东亚世界的中心；在这种情况下，也就自然形成了一种以中国为中心的外交观念。中国将国内社会、政治生活中的"秩序观"外化到对外关系上，形成了具有"等级性"的对外关系，即费正清等西方学者所称的"中国的世界秩序"（Chinese World Order）。

运行模式

从结构原理上来说，封贡体系是中国西周王朝内部的"分封制度"在国际上的延伸，当然比分封制度松散得多。在封贡体系中，中国周边地区的君主作为"藩属"只有得到中国皇帝的确认（以"册封"为确认形式）才能拥有合法的统治地位；作为回报，"藩属"必须承认中国皇帝的宗主权。封贡体系中的双方承担一系列双向的权利和义务。中国皇帝负有在周边国家中维持正常秩序的职责，当这些国家遭受内部叛乱或自然灾害时中国应予以慷慨的救援，当它们遭受外来入侵时中国有责任调解这些"藩属"间的争斗，必要时派军队援助受欺凌的一方，最典型的是明朝万历年间中国出兵援助朝鲜王国抵抗丰臣秀吉的日本侵略军。在藩属国一方，向中国皇帝表示臣服的具体形式是请求中国皇帝给予册封、按时派遣贡使前来"进贡"，最重要的是"奉天朝正朔"——也即采用中国皇帝的年号为其纪年方式。

图2　唐朝阎立本绘《步辇图》，展示番邦贡使朝见大唐天子的场景

构建进程

封贡体系在西汉前期开始构建，主要针对中国西北方的诸多游牧民族。在中国长达两千多年的封建时代，封贡体系的规模和稳定性时有变化。当中原汉族王朝本身衰落不堪（如东晋朝、南宋朝）时，中国皇帝自然无法维持封贡体系，有时甚至要反过来向异族政权称臣。但中国皇帝至高无上的传统理念却没有因此湮灭。明朝初年，中国在东亚的封贡体系得到了不断完善。明太祖朱元璋推翻强大的蒙元王朝，四邻震惊，除西北陆上诸部落向明朝俯首称臣外，包括朝鲜、安南（越南）、日本等在内的海外入贡藩属达17个。至明成祖永乐年间（1403—1424年），声势浩大的郑和远航进一步提高了中国在东南亚诸国中的威望，所到之处各国君主纷纷向明廷派遣贡使，甚至有几国君主（如渤泥国王麻那惹加那）自己前来中国朝拜。其时，融入中国封贡体系的藩属国达63个。

清王朝全盘继承了明朝的遗产，而它在西北边疆对厄鲁特等部落的长期征战又慑服了中亚的许多小汗国和部落。至乾隆年间，整个东亚、东南亚和中亚腹地各国都融入了以中国为核心的封贡体系，诚如清史专家萧一山先生所言："至朝贡受封之国：朝鲜、琉球旧属藩属，阔而喀（廓尔喀）、缅甸、安南兵威所屈，若暹罗、阿富汗、敖罕（浩罕）、巴达克山则余威之所震，拱手内服者也。惟哈萨克三部、厄鲁特二十部……朝贡略如缅越，而羁縻有间，其制盖在藩部属国之间，名曰附庸。"

体系层次

清朝的封贡体系大致分为三个层次，形成了同心圆式的等级制从属关系。首先是邻近并深受中华文化影响国家，即"旧属藩属"；其次是亚洲腹地和东南亚地区处于中华文明边缘地带的朝贡藩部,即"附庸";最外层是那些距中国较为遥远的国家,即"外夷"。

事实上,当时所知道的所有国家,在中国皇帝眼里都是藩属国,新航路开辟以来陆续来到东亚的西欧诸国如葡萄牙、西班牙、荷兰、英国等,也都被归入这一类"倾心向化"天朝文物的朝贡国。从16世纪20年代一直到18世纪末期将近300年的时间里,有20多个入觐中国皇帝的西方使节被迫按藩属国贡使礼仪向中国皇帝行了跪拜礼;1793年大英帝国派来的第一个官方使团——马戛尔尼使团,车队进入中国境内后也被清廷强行插上了标有"英吉利贡使"的旗帜。

三、日薄西山的中华帝国

近代中国的衰落

乾隆朝末期是中华帝国最后辉煌的顶峰,也是中国走向衰败的起点。此时的西欧世界已发生了翻天覆地的变化,相比之下,几千年来无所变更的中华帝国开始落后了。近代中国的落后表现在三个方面。

第一是经济的停滞。1800年前后的中国固然还是个庞然大物,拥有辽阔的幅员和将近四亿人口,国民生产总值按一些学者估计约占全世界GDP总量的1/3。但是,中国的国民经济结构异常落后,依然沿袭着几千年来那套自给自足的小农经济,没有任何新的经济增长点,只是依靠庞大的人口规模维持表面的强盛。相反,在同时期的西欧诸国,工业革命方兴未艾,大规模机器生产彻底改变了原有的社会经济结构,极大地增强了基本国力和在国际舞台上的竞争能力,其中以率先开展工业革命的英国为最。

第二是科学技术方面的落后。西欧各国知识阶层自文艺复兴起不断进行自然科学的探索,构建起一套完整的并不断取得突破的现代科学体系,这套体系中的许多知识被直接运用于国民生活的各个领域,大大提高了其国民运用自然、改变自然的能力。而中国的知识精英却醉心于八股式的科举考试,对自然科学毫无兴趣,致使文明古国的科学水平滞留在"四大发明"这一中世纪的层次上。

明末清初时期,以耶稣会士(Jesuits)为主的众多西方来华传教士曾带来了当时西方先进的科学知识,在他们编译的约200种中文著作中,有不少是涉及天文、数学、医学、冶金、机械制造等领域的自然科学论著。但除了徐光启、李之藻等少数几个中国士大夫认真研习过"西学"外，这些书籍被束之高阁，全然遗忘，故有学者称中国因此错失了一个现代化的机会。

第三是统治阶级的惰性。长期以来在东亚独大的状态，使中国统治者缺乏需要不断革新自强的紧迫感。清朝统治者如乾隆皇帝等一向自夸"励精图治"，但其统治目标无非是让百姓俯首听命，保持清王朝统治的长治久安，却从来没有想过需要采取任何主动措施来激发国家的潜力，革新经济结构，提高百姓的生活水平。而同时代的欧洲国家处在激昂跌宕的强权政治国际环境中，各国当政者都绞尽脑汁，采用经济、政治、社会等各种手段追求本国力量的最大化，西方列强个个都显得生气勃勃。

僵化的对外理念

在对外关系层面，清政府的惰性表现得更为明显。英国通过一系列官方的和非官方的活动细心考察中华帝国的实际状况。马戛尔尼勋爵（Lord George Macartney）在出使中国回国后对中国做了这样的评价："清帝国好比是一艘破烂不堪的头等战舰，它之所以在过去150多年里没有沉没，仅仅是由于一班幸运的、能干而警觉的军官的支撑，而它胜过其邻船的地方只在它的体积和外表。但是一旦一个没有才干的人在甲板上指挥，那它就不再有纪律和安全了。""英国从这一变化中将比其他国家得到更多的好处，胜过一切竞争者。"由此，英国人在内心深处埋下了一颗"对中国可以动武"的邪恶种子，当适当的时机来临时，这颗种子终将发芽开花。

清王朝却对世界事务一无所知，也无意探究，只是一味固守天朝上国"封贡体系"的旧有遗产，闭关自守。清廷很轻松地应付了英国打开中国大门的外交努力，从而错误地认为中国皇帝的"天下共主"地位无可争议，连西洋头号强国英国也予以承认。英国使命的失败强化了乾隆皇帝及其后继者的自满和陶醉，导致清廷以更大的惰性来处理对外事务，把正在经历工业革命和拿破仑战争洗礼而蒸蒸日上的大英帝国继续当作微不足道的"荒蛮番邦"，全然不去觉察英国的对华野心，更无意筹划如何应对未来的挑战，直到1840年被迫以武力仓促应战。

四、近代中国的奋斗

近代中国历史的主线

第一次鸦片战争后，清廷仍没意识到危机的严重性，因此没有迅速调整对外政策，从而丧失了近20年的时间，直到第二次鸦片战争再次丧权辱国。第一次鸦片战争后魏源曾编撰《海国图志》，介绍西方的情况，并提倡"师夷之长技以制夷"。但中国士大夫阶层中很少有人去理会，反倒是该书传入日本后被日本士人争相研读，这也是日本明治维新虽起步较晚却能迅速成功的原因之一。

中国人直到1860年圆明园被毁才真正惊醒，奕䜣、曾国藩、李鸿章、左宗棠等"中兴名臣"终于意识到中国面临"三千年未有之变局"，必须积极应对。著名史家徐中约先生总结了随后百多年来近代中国奋斗的历程："中华民族面临史无前例的冲击和生存危机，有识之士确认自强更生之道，继而投身民族振兴的大业，并进入国际社会中奋斗，争取独立和保持国家尊严。经百余年之努力，今日中国已成世界大国之一。"

图3　圆明园一角被毁前后对照图

器械革新阶段

近代中国的奋斗大致可分为三个阶段，每一个阶段注重一个层次。第一阶段的层次最低，着眼于物质层面的革新，即同治朝时期（1862—1875年）曾、左、李等人兴办"洋务"的强兵政策。这些封建士大夫中的佼佼者开始信服魏源的主张，认为只要能够效仿西方列强的"坚船利炮"，中国也可以立于不败之地。他们普遍认为西方的强盛纯粹因为其器械的优势，与社会政治制度和总体经济结构关系不大；这种指导思想极为肤浅，其种种努力注定不能成功。洋务运动几十年的成果在1894—1895年的甲午战争中毁于一旦。

制度革新阶段

第二个阶段着眼于制度层次。洋务运动失败后，士大夫阶层中以康有为、梁启超等人为代表的精英人物开始领悟到西方列强制度层面的优越性，遂倡导制度变革，争取建立君主立宪制，启民知、开物力，通过制度手段来激发中国的潜能，以图自救。他们的想法得到光绪皇帝的支持，却招致来自封建保守派的强烈抵制。

清朝光绪戊戌年(1898年)的"百日维新"以惨败告终，以慈禧太后为首的保守势力随后重新掌权，执行了一系列极不负责任的政策：先是邪恶地利用中国民众盲目的爱国热情，借助义和团运动来巩固统治；继而又对西方列强采取彻底的投降主义，"量中华之物力结与国之欢心"，对外赔款4亿5千万两白银，中国几陷于亡国。虽然清廷从1905年起也开启了所谓的"新政"，将康梁变法中提出的一些设想付诸实施，但也只是浮光掠影式的变革，根本不触及社会政治体制的根基；而且，清王朝到此时已是行将就木，根本无法再担当振兴中华的历史责任了。

从某种意义上来说，辛亥革命也属于近代中国之奋斗的第二个阶段，这场革命推翻了中国几千年的封建帝制，建立了共和政府，因此是一场制度层面的革新。民国的政体仿照了世界上被公认较为先进的宪政和政府运行机制，但从袁世凯到北洋政府的十多年间，中国积贫积弱的状态却没有丝毫改变：内部是不停顿的军阀混战，民不聊生；对外则是继续丧权辱国，1915年的"二十一

图4 "二十一条"签字场景(1915年5月25日)及袁世凯的批准签字

条"之后又有 1919 年的《巴黎和约》。这种状态表明，仅仅制度变革还是挽救不了中国，因为制度是死的，只有使用制度的人具备了正确的思想和理念，优越的制度才得以生效。由此，在五四运动前后，中国的奋斗迈入了第三个阶段，即思想革命。

思想革新阶段

五四运动前后是中国历史上自春秋战国百家争鸣时代以来思想界最活跃的一个时期，各种冠以"主义"的新思潮层出不穷，如"实用主义"、"无政府主义"、"社会改良主义"、"自由主义"、"社会主义"、"三民主义"、"马克思主义"等等，不一而足，以至于信奉"实用主义"的胡适也提出"少谈点主义，多研究些问题"。其实，"问题"与"主义"之间并无不可调和的矛盾，"问题"更多地注重解决中国社会诸多难题的具体方法，而"主义"则更多地关注中国社会向何处发展的宏观理念；两者都在探求中华民族的复兴之路，只是在着眼点的层次上有所区别。在这场大争论中，如果说有矛盾的话，则存在于各种"主义"之间。各派人士大多采取排他式的思维方式，认定自己的"主义"最正确甚至唯一正确，从而忽视和否认了其他"主义"内在的合理因素。

国民党失败的必然性

孙中山先生倡导的"三民主义"未尝不能拯救中国于水火，但自奉为中山先生信徒的蒋介石、汪精卫之流却很少把三民主义的纲领付诸实施。仅就"民生主义"一项来看，国民党在其统治大陆期间，从来没有试图贯彻中山先生的"平均地权"原则。反而是曾经追随中山先生革命信念的中国共产党，在农村地区开展轰轰烈烈的土地改革，赢得了广大农民的拥护，并最终通过"农村包围城市"的策略夺取了全国政权。从这个意义上来说，国民党的垮台有着某种必然性。

国民党在"民权主义"方面也毫无建树，蒋介石集团以独裁腐败著称。只有在"民族主义"方面，国民政府勉力维护国家主权。经过八年艰苦卓绝的抗战，中国人民终于与世界反法西斯同盟国一道，粉碎了日本军国主义灭亡中国的野心，也取得了自 1840 年以来中国的第一场对外战争胜利。

新中国的历史重任

第二次世界大战结束之时，中国成为联合国创始国和联合国安理会五大常任理事国之一。但是，国民党时期中国的国际地位有名无实，蒋介石政权自身都没有充当世界强国的自信，只满足于做美国的小跟班，期望在美国的援助下剿灭中国共产党领导的人民武装。真正成为世界强国的历史重任，落到了将要诞生的中华人民共和国肩上。1949 年 9 月 21 日毛泽东在中国人民政治协商会议第一届全体会议上宣布"中国人民从此站立起来了"，标志着新中国追求中华民族伟大复兴这一百年梦想的开端。

附　录

重要知识点

　　"天下观"　　封贡体系　　"师夷之长技以制夷"　　近代中国的奋斗　洋务运动　　戊戌维新　　"主义"与"问题"之争　　三民主义　　强国梦　民族复兴

思考题

　　1. 古代中国对外关系的理念基础和运行模式。
　　2. 近代中国落后的原因及表现。
　　3. 近代以来中国追求民族复兴大业的发展阶段及其内涵演变。

延伸阅读

　　黄枝连著：《亚洲的华夏秩序——中国与亚洲国家关系形态论》，中国人民大学出版社，1992 年。
　　吴木生主编：《东亚国际关系格局》，天津社会科学院出版社，2001 年。
　　［美］费正清主编：《中国的世界秩序》，杜继东译，中国社会科学出版社，2010 年。
　　［美］费正清著：《中国：传统与变迁》，张沛译，世界知识出版社，2002 年，第 10—15 章。
　　付百臣主编：《中朝历代朝贡制度研究》，吉林人民出版社，2008 年。
　　［美］马士、［美］宓亨利著：《远东国际关系史》，姚曾译，商务印书馆，1975 年。

蒋廷黻著:《中国近代史》,沈渭滨导读,上海古籍出版社,1999 年。

[美]徐中约著:《中国近代史(上、下)》,计秋枫、朱庆葆译,香港中文大学出版社,2001、2003 年。

[美]吉尔伯特·罗兹曼:《中国的现代化》,江苏人民出版社,1988 年。

第一章　站稳脚跟：新中国成立初的外交

新中国诞生在一个极其恶劣的国际环境中，新生的共和国处在风雨飘摇之中。但新中国的缔造者们以巨大的勇气、坚定的信念和高超的外交手段在国际舞台上奋力拼搏，使新中国快速站稳了脚跟。

一、新中国诞生时的国际环境

雅尔塔会议

中华人民共和国是在一个相当紧张的国际环境中诞生的，这个环境的特征就是美苏"冷战"，而冷战又可追溯到以"雅尔塔体系"为基础的战后国际格局及其演变。1945 年 2 月，反法西斯战争胜利在望，同盟国三巨头美国总统罗斯福（Franklin D. Roosevelt）、苏联领袖斯大林（Иóсиф Виссариóнович Стáлин）和英国首相丘吉尔（Winston L. S. Churchill）齐聚苏联黑海克里米亚半岛的小城雅尔塔（Ялта），商讨最后击败德日轴心国的战略和战后世界政治格局安排的一应事宜。这次会议达成的一系列协议和谅解，勾勒出了战后国际格局蓝图的轮廓，被称为"雅尔塔体系"，许多人称这个体系涵盖了从 1945 年到 1990 年几十年的国际关系进程。

图 1-1　雅尔塔会议"三巨头"合影

雅尔塔会议的内容涉及面极广，但可以简洁地归为两点。第一，同盟国在战后继续合作，共同保障世界和平，并将利用联合国作为一个协商平台，缓和并调节各国之间的矛盾。第二，划分势力范围。三国除了达成关于波兰疆界、分区占领德国、黑海海峡等欧洲事项的协议外，还达成了在全世界划分势力范围的广泛原则：西欧（包括西德）、中国、日本、朝鲜半岛南部等地区归美国控制，东欧、朝鲜半岛北部、外蒙古等地区划归苏联掌控，英国则得以继续控制战前大英帝国辽阔的殖民地。

雅尔塔会议在协调对德日法西斯的作战行动、加速世界反法西斯战争胜利进程以及战后惩处战争罪犯、消除纳粹主义和军国主义势力影响等方面起了积极的作用，但其划分势力范围的做法依然没有摆脱强权政治的框架，具有浓郁的大国霸权主义色彩。它实际上是主要战胜国之间的一次分赃会议。

尤其是在远东，美苏两国首脑背着中国达成了一些严重损害中国主权和利益的协定，其中包括：1. 维护苏联在大连商港的优先权益，恢复旅顺港苏联海军基地的租借权；2. 中苏共同经营合办中长铁路、南满铁路，并保障苏联的优先利益；3. 维持外蒙古的现状（即蒙古人民共和国自行独立的状态）。中国作为反法西斯同盟的主要国家，不久后将出任联合国安理会常任理事国，但居然在事先毫不知情的情况下被美苏两强协议瓜分走了许多主权利益，足见积年贫弱的中国在其他战胜国心目中的分量之轻，其国际地位似乎比1919年巴黎和会时好不了多少。

美苏冷战

三巨头原以为通过瓜分其他国家的利益能够达成充分的谅解和信任，从而在战后通过顺畅合作来确保和平。但事与愿违，随着第二次世界大战的结束，各大国在国家利益和战略规划上的矛盾逐渐显现出来并日趋激烈，遂酿成一场持久的、被称为"冷战"的战略对峙。所谓"冷战"，是指除了大规模军事行动（"热战"）以外的一切敌对行动，诸如实行经济封锁和制裁，推行政治孤立政策，粗暴干涉他国内政，进行颠覆活动，进行原子战争讹诈和军事威胁等等，有时也会直接展开激烈的局部战争。

关于冷战的起源，中外学界的研究可谓汗牛充栋，在此不再赘述。我们只需知道，在雅尔塔会议三巨头笑意盈盈、觥筹交错之后仅一年，在日本正式投降之后仅半年，冷战就爆发了。一般认为1946年3月丘吉尔在美国发表的"富尔顿演讲"（Fulton Speech）是冷战拉开序幕的标志。到1948年6月，斯大林下令封锁美英法三国军队所占领的西柏林城区，西方展开强硬应对，不惜以巨大的空运代价来维持在西柏林的存在。不久前的同盟国家之间竟然准备以兵戎相见,冷战遂出现了第一个高潮。这场第一次柏林危机持续了 11 个月。1949 年 8 月 29 日,苏联突然试爆了它的第一颗原子弹,打破了美国把持四年的核垄断,西方世界一片惊恐,冷战的烈度也更趋增强。

冷战对新中国的影响

中国共产党与国民党之间的最后对决,正是发生在冷战的国际背景下。在丘吉尔发表富尔顿演讲后的第三个月,国共内战爆发;在第一次柏林危机爆发后的第三个月,中国人民解放军发起了决定中国命运的三大战役;在苏联成功试制第一枚原子弹之后的一个多月,中华人民共和国成立。按照雅尔塔会议的势力范围划分原则,中国处在美国的控制区域之内,现在,与苏联共产党一样信奉马克思主义的中国共产党取得中国政权,意味着美苏协议达成的势力范围将出现巨大更改,这就与美苏两强争斗的局势紧密地联系在一起,也意味着新生的中华人民共和国无法摆脱冷战格局而从容面对外部世界。

在新中国成立前夕,以张治中将军为代表的一批中间派人士曾向中共中央建议,新中国应采取"第三条道路",在两强之间保持等距离的中立姿态以避免卷入美苏争斗的纠葛。然而,这种左右逢源的理想状态又如何能实现呢?且不说意识形态因素必然发挥的作用,就是从政治现实来看也有不可取之处:如果中国采取等距离外交,既不能指望获得美国的真心支持,也会因缺乏诚意得罪苏联;到那时,中国不仅得不到两个超级大国中任何一方的大力支持,反而会招来它们共同的猜忌、排斥甚至打击。

新中国最大的问题在于自身国力过于虚弱。当时的中国占世界人口约四分之一,但其国民生产总值只占全世界 GDP 的 4.5% 左右;凭借如此不起眼的国力基础,中国在国际上没有多少讨价还价的资本。在美苏两强激烈对抗的背景下,中国不能指望依靠左顾右盼来让两强争相拉拢,只有依靠其中的一方来站稳脚跟。

二、新中国对外政策的基本方针

三大基本方针

在三大战役结束之后,全国解放指日可待,中共高层开始筹划新中国的对外政策方针。经过仔细慎重的研究,包括与党外人士的沟通与磋商,中共中央的对外政策方针逐步清晰化,大致在 1949 年 6 月下旬最终确定了被称作"三大基本方针"的外交政策。

第一是"另起炉灶",即同旧中国的屈辱外交彻底决裂,不承认国民党政府同各国建立的外交关系;对于驻在旧中国的各国外交机构和外交人员,不承认他们的外交身份,而是将其当作普通侨民对待,要在新的基础上重建中国的外交关系。

第二是"一边倒",即中国站在以苏联为首的和平民主阵营之内,将发展同苏联和各人民民主国家的外交关系放在第一位。

第三是"打扫干净屋子再请客",即对于帝国主义国家与中国建交的问题,方针是宁可等一等,要把帝国主义在中国的残余势力扫清。新中国在与它们建立外交关系之前要把屋子打扫一下。

《共同纲领》

1949 年 9 月,中国人民政治协商会议召开,这次会议除了筹备新中国建国事宜如中央人民政府的构成、国旗国徽国歌等外,一个最重要的成果就是制定了《共同纲领》。在 1954 年中华人民共和国第一部宪法颁布之前,《共同纲领》充当了新中国临时宪法的角色。在这部《共同纲领》中,中共中央关于对外政策三大基本方针的精神得到了体现。

《共同纲领》第一章"总纲"第三条指出:中华人民共和国必须取消帝国主义国家在中国的一切特权("打扫屋子")[①];第十一条指出:中华人民共和国联合世界上一切爱好和平、自由的国家和人民,首先是联合苏联、各人民民主国家和各被压迫民族,站在国际和平民主阵营方面,共同反对帝国主义侵略,以保障世界的持久和平("一边倒")。

第六章专门针对"外交政策",兹抄录如下。

第五十四条:中华人民共和国外交政策的原则,为保障本国独立、自由和领土主权的完整,拥护国际的持久和平和各国人民间的友好合作,反对帝国主义的侵略政策和战争政策(和平外交原则);

第五十五条:对于国民党政府与外国政府所订立的各项条约和协定,中华人民共和国中央人民政府应加以审查,按其内容,分别予以承认,或废除,或修改,或重订("另起炉灶");

---

① 此括号内语句为本书著者所加,下同。

第五十六条：凡与国民党反动派断绝关系，并对中华人民共和国采取友好态度的外国政府，中华人民共和国中央人民政府可在平等、互利及互相尊重领土主权的基础上，与之谈判，建立外交关系（此条为外国与新中国建交的前提条件，即必须首先与国民党政权断交）；

第五十七条：中华人民共和国可在平等和互利的基础上，与各外国的政府和人民恢复并发展通商贸易关系（发展一般关系的前提条件，比起建交条件相对宽松）；

第五十八条：中华人民共和国中央人民政府应尽力保护国外华侨的正当权益（主权国家政府的基本职责）；

第五十九条：中华人民共和国人民政府保护守法的外国侨民（主权国家政府的基本职责）；

第六十条：中华人民共和国对于外国人民因拥护人民利益参加和平民主斗争受其本国政府压迫而避难于中国境内者，应予以居留权（作为国际惯例的"庇护权"）。

建交状况

在《共同纲领》原则的指导下，新中国在成立后的第一年中（截至 1950 年 10 月 1 日）与苏联、保加利亚、罗马尼亚、朝鲜（北朝鲜金日成政权）、匈牙利、捷克斯洛伐克、波兰、蒙古、民主德国、越南（北越胡志明政权）、阿尔巴尼亚、越南、印度、印度尼西亚、瑞典、丹麦、缅甸共 17 个国家建立了外交关系，另有英国、荷兰、锡兰（1972 年改称为斯里兰卡）、阿富汗、巴基斯坦、挪威等国家正式承认了新中国。其中，英国对新中国承认，具有特别重要的意义，表明了西方阵营在对华政策上并非铁板一块。

"紫石英号"事件

英国与中共之间的官方交往，开始于新中国建立之前的"紫石英号"事件。1949 年 4 月 20 日，在渡江战役的前一天，停泊在镇江江面的几艘英国军舰与解放军渡江部队之间发生炮击，其中的英舰"紫石英号"（HMS Amethyst）遭重创，被迫抛锚在长江中，这是自 1840 年鸦片战争以来英国"炮艇政策"的第一次败绩。

在随后的两个多月中，解放军与英国方面进行了严正的交涉。正是在这段交涉期间，中共方面有理有节的处事方式给了英国政府最高决策层一个强烈的印象：中共并非像其以往想象中的那样蛮不讲理，相反，它完全是可以打交道的对象。鉴于英国在中国存在的巨大利益,英国政府遂决定与美国的对中共强硬政策拉开距离,以免陷于彻底被动。继 1950 年 1 月 6 日英国政府承认中华人民共和国之后,中英两国在 1950 年 3—6 月间进行了建交谈判,只是由于美国的不断干预和朝鲜战争的爆发,1950 年的中英谈判才无果而终。

三、中美关系的抉择

美国的观望姿态

在冷战大背景下诞生的中华人民共和国,面临着如何处理对美关系的巨大难题。罗斯福当政时期的美国是国民党政府的坚定支持者,1945 年 4 月杜鲁门(Harry S. Truman)总统上台后基本延续了这一政策,并且卷入中国内战,为蒋介石政权提供巨大的财政和军火援助,帮助其剿灭共产党领导的人民武装。然而,随着国民党军队在战场上不断失败,美国政府对蒋介石越来越失望,逐渐降低了对国民党军队的支持力度。蒋介石集团因此大为不满,认为杜鲁门总统越来越不可靠。在 1948 年美国大选期间,国民党上层希望共和党候选人纽约州州长杜威(Thomas Edmund Dewey)能够获胜,甚至暗中向杜威捐赠了竞选资金,指望杜威取代杜鲁门后能执行更积极的援助国民党政府的政策。

然而,令世人震惊的是,一直被看好的杜威出人意料地败给了杜鲁门,这也令蒋介石集团沮丧万分。杜鲁门总统当然知道国民党上层人物支持其政敌的意向和背后小动作,故对蒋介石集团越发冷淡。当蒋介石希图修复与当选总统杜鲁门的关系而派夫人宋美龄于 1948 年 11 月底访问美国时,杜鲁门毫无顾忌地表现出了其厌恶之情。中国的"第一夫人"宋美龄被美国方面告知她只能以"私人身份"来华盛顿,不给铺红地毯,不被邀请在白宫过夜,也不让她向美国国会发表讲话。这与 1943 年年初宋美龄访美时所受到的热情欢迎相比真可谓冰火两重天。

随着三大战役的结束,国民党政权垮台的迹象更趋明朗,美国政府内有一部分人特别是驻华外交人员产生了抛弃蒋介石集团、与中国共产党发展关系的念头。这种思潮多少影响了杜鲁门的对华政策。故 1949 年 1 月美国政府召回了美国军事顾问团,对中国内战采取基本袖手旁观的姿态。值得注意的是,1949 年渡江战役前夕,国民政府逃离南京迁往广州,大多数外国使团(包括苏联使团）随同前往，但美国驻华大使司徒雷登（John Leighton Stuart）却奉命留在了南京，这不能不说是暗含深意。

《白皮书》

在渡江战役之后的 1949 年 5 月，美国国务院组织人员编写有关材料，为自己近几年来对华政策的失败推卸责任。这些材料于 1949 年 8 月 5 日结集发表，标题为《美国与中国的关系：特别着重一九四四年至一九四九年的阶段》（*United States Relations with China：With Special Reference to the Period 1944—1949*），简称《中美关系白皮书》（*The China White Paper*）。《白皮书》总共长达 1054 页，一百多万字，共分 8 章，从 1844 年中美望厦条约谈起，至 1949 年 5 月李宗仁致信杜鲁门为止。在 8 章中，讲述前一百年的只占 2 章，其余 6 章都是叙述 1944—1949 年最近五年的事。《白皮书》收集了大量美国政府发表或未发表的对华关系有关文件、历任总统相关演讲、与国民党政府往来的电报、几乎所有与中国相关的协议、国共两党的相关声明函件，以及美国驻中国大使定期给国务院写的报告等。

《白皮书》的主旨是大力批评蒋介石集团治国的腐败与无能，强调国民党丢失中国是咎由自取，美国政府没有"丢失中国"的责任。《白皮书》中收录的《艾奇逊致杜鲁门的信》可视为整部白皮书的编纂缘由与主要结论，也就是全书的核心。国务卿艾奇逊（Dean G. Acheson）在这封信中说："在合理范围以内，美国所做任何事，都没有改变中国局势的可能；美国若做其所未做的事，对局势也不会产生影响，这是中国内部势力造成的结果，结局是中国内部所决定的，是一方怠忽职责所形成的。"

司徒雷登离华

然而，美国政府对国民党政权的失望和指责，并不意味着它能改弦更张，对中国共产党采取友好的政策。处在冷战背景下的美国政府无法丢弃其反共的意识形态，美国政府中更多的人将中国共产党的胜利视为苏联阵营的势力扩张，故必欲加以打击和遏制。杜鲁门总统在 1949 年 1 月 19 日的内阁会议上明确表示不跟任何共产党政权打交道。在这一立场指导下，美国政府在国共之间观望的同时，逐渐摒弃司徒雷登提出的承认共产党新政权的建议，并否决了司徒雷登前往北京与中共最高层接洽的要求，一再严词敦促司徒雷登回国。司徒雷登于 1949 年 8 月初离开中国回国述职。美国就此阻断了与新中国发展关系的可能性。

图 1 - 2　1946 年司徒雷登与周恩来

图 1 - 3　哈里・S.杜鲁门,美国总统
(1945 年 4 月—1953 年 1 月)

中共"一边倒"政策的出台

　　中国共产党一方同样受到冷战格局和意识形态的影响,无法建立起对美国政府的信任。在 1949 年 4—6 月间,尽管解放军以摧枯拉朽之势解放全中国,但美国只是表现出与国民党政权拉开距离的姿态而已,始终不愿明确表示承认中共,这可谓是一种"骑墙政策"。中共对此大感失望。中共中央曾派黄华前赴南京与司徒雷登多次接洽,并表示欢迎司徒雷登以燕京大学老校长身份访问北平(北京)。司徒雷登的北京之行还是以无果告终。

　　1949 年 5 月 30 日,苏联驻华大使罗申(Николай Васильевич Рощин)离开国民党政权驻地广州回国;6 月 26 日刘少奇率中共代表团秘密出访苏联。这些事态大大影响了中国的决策。经过审慎研究,中共高层最终否决了在美苏两强之间采取等距离外交的建议,确立了坚决与苏联站在一起的"一边倒"政策,这清楚地表现在毛泽东发表于 1949 年 6 月 30 日的《论人民民主专政》一文中。毛泽东在该文中写道:"'你们一边倒。'正是这样。一边倒,是孙中山的四十年经验和共产党的二十八年经验教给我们的,深知欲达到胜利和巩固胜利,必须一边倒。积四十年和二十八年的经验,中国人不是倒向帝国主义一边,就是倒向社会主义一边,绝无例外。骑墙是不行的,第三条道路是没有的。我们反对倒向帝国主义一边的蒋介石反动派,我们也反对第三条道路的幻想。"

美国的反应

《论人民民主专政》一文的发表，反过来又促使美国政府逐渐明确了其敌视共产党中国的政策。1949年10月3日，美国总统杜鲁门公开宣称拒绝承认共产党中国政权，继续承认国民党政府。不仅如此，美国还向西方阵营和它的拉丁美洲"后院"国家发出照会，要求它们在对华政策上与美国保持一致，拒绝承认新中国。

美国政府此时的对华政策的确让人感到困惑：它一方面公开表现出对腐败无能的国民党政权的厌恶，一方面又不遗余力地继续支持这样一个堕落的政权。能够解释其政策内在逻辑的只能是当时的冷战格局：美国把反对中华人民共和国当作它全球冷战战略的一部分，正如1949年12月30日杜鲁门批准的美国国家安全委员会报告（"国家安全委员会第48-2报告"）所称，"美国要坚定地建立防止共产党在亚洲进一步扩张的政策"。

瓦尔德事件

一旦确定了"一边倒"的对外方针，中共对来自美国方面的敌视、压力便采取针锋相对的立场。正如前面所述，"打扫干净屋子再请客"是中共既定的三大外交方针之一，毛泽东在1949年3月的中共七届二中全会上就已指出，"关于帝国主义对我国的承认问题，不但现在不应急于去解决，而且就是在全国胜利以后的一个相当时期内也不必急于去解决……只要一天他们不改变敌视的态度，我们就一天不给帝国主义国家在中国以合法地位"。因此，美国全力推行的不承认新中国的政策，并不能产生美国预期的那种压力，相反只能激发新中国更坚定抵抗帝国主义压迫的斗志。

新中国对美国不承认政策还以颜色的一个举动是于1949年10月24日以"间谍罪"正式逮捕美国驻沈阳总领事瓦尔德（Angus Ward）及其4名随员，随后经公审后将其驱逐出境。按照国际惯例，领事及随行人员作为外交代表享有外交豁免权，不受驻在国司法系统的管辖。中国政府逮捕和审判瓦尔德等人的举动表明，既然美国不承认新中国，那新中国也不承认美国官方人员在中国的合法地位，真可谓"以牙还牙"。在瓦尔德事件发生的同时，中国政府公开宣布，敦促所有美国官方人员尽快离开中国。至1950年4月30日，美国撤出了其全部前驻华外交人员，中美两国政府之间的联系渠道彻底断绝了。

四、中苏同盟

与当时全世界约 70 个国家的数目相比,新中国的友邦的确是较少的,这主要是美国敌视新中国的政策所致。在美国政府强大的压力之下,许多国家或与美国保持一致的对华政策,或采取犹豫观望的态度以免开罪美国。正因为如此,争取苏联的国际支持对于新中国来说就显得更为重要。

中共与苏共之间的历史恩怨

苏联在历史上是中共革命的支持者,但苏共与中共之间的恩恩怨怨缠夹不清,非一言可尽。受苏共控制的共产国际曾支持过王明等一些犯"左倾"冒险主义错误中共领导人;在 1947 到 1948 年间,当毛泽东表达希望出访莫斯科时,斯大林考虑到与国民党中国的官方关系而予以婉拒;1949 年年初斯大林甚至还向中共提出过中共与国民党"划江而治"的建议,遭到毛泽东的断然拒绝,毛泽东在其 1949 年 4 月的七律诗作中写道"宜将剩勇追穷寇,不可沽名学霸王",或许也可算作对斯大林建议的某种回应。因此,斯大林与毛泽东之间的个人关系殊非融洽,据称毛泽东在与斯大林第一次见面时曾不无怨气

图 1-4　毛泽东主席访苏照片

地说"我是个长期受打压的人,有话无处说",而斯大林则略带歉意地答称"胜利者是不受审的,不能谴责胜利者。"云云。

毛泽东访苏

1949 年 12 月 6 日,毛泽东主席亲自率新中国代表团出访苏联,出访名义是前往祝贺斯大林的 70 寿辰。此时离新中国建立仅过去 2 个月零 5 天,这样的时间安排清楚地表明对苏外交在新中国对外战略中的重要地位。苏联是由马克思主义政党领导的超级大国,是当时唯一有能力与美国抗衡的国家,取得全国政权的中国共产党必然要寻求苏联对新中国内政外交的各种支持。

毛泽东的访苏,多少消除了中苏两党间的一些历史误会,但毛泽东的出访目的不止于此,他还希望中苏签订某种条约,把两国之间的同盟关系用法律文件的形式固定下来。然而毛泽东又不愿表现得过于急切。在斯大林方面,他满足于中国最高领导人毛泽东的亲自来访贺寿和新中国与苏联之间相互支持的浩大声势,但他对中苏签订条约却并不热心,故对毛泽东的提议摆出一副装聋作哑和推诿搪塞的姿态。个中奥秘是,斯大林对1945年8月苏联与国民党政府草签的《中苏友好同盟条约》感到满意,因为该项条约同意了斯大林在雅尔塔会议上与罗斯福达成的诸多秘密协议。斯大林担心与中共领导人重新签订条约,有可能危及苏联在前一条约中获取的既得利益。

中苏同盟的缔结

在这种情况下,毛泽东的访苏陷入了某种僵局,他遂采取软对抗的方法,表达对斯大林的不满。毛泽东私下里对苏联方面的接待人员态度冷淡,并扬言要减缩原定的访苏日程,且故意减少在苏联公开场合露面。这给斯大林造成了某种压力,而一些西方媒体猜测毛泽东在莫斯科遭到软禁的谣传,更令斯大林感到被动。

毛泽东的软对抗终于打破了僵局。1950年元旦前后,斯大林改变初衷,原则上同意签订新的中苏同盟条约,并安排毛泽东接受塔斯社记者的采访以消除西方的谣传。毛泽东在采访中明确提出了签订中苏同盟条约的问题,随后又立即电告在北京的政务院①总理周恩来,让他迅速准备中苏条约谈判的预案并尽快来莫斯科。周恩来于1月10日启程前往苏联;1月22日,在周恩来主持下,中国代表团与苏联方面开始了正式的谈判,至2月14日,中苏签订了《中苏友好同盟互助条约》及其他一些专门条约。

图1-5 《中苏友好同盟互助条约》签字仪式,1950年2月14日

---

① "政务院"全称"中央人民政府政务院",是新中国初期的国家政务最高执行机关,1954年9月改称"国务院"。政务院的职权略小于后来的国务院。

《中苏友好同盟互助条约》

《中苏友好同盟互助条约》的序言明确了中苏合作的宗旨,称中苏两国政府"决心以加强中华人民共和国与苏维埃社会主义共和国联盟之间的友好与合作,共同防止日本帝国主义之再起及日本或其他用任何形式在侵略行为上与日本相勾结的国家之重新侵略;亟愿依据联合国组织的目标和原则,巩固远东和世界的持久和平与普遍安全;并深信中华人民共和国与苏维埃社会主义共和国联盟之间的亲善邦交与友谊的巩固是与中苏两国人民的根本利益相符合的"。条约的有效期为30年,并规定30年之后可以续订。条约主要内容为:

(1)缔约国双方保证共同尽力采取一切必要的措施,以期制止日本或其他用任何形式在侵略行为上与日本相勾结的任何国家之重新侵略与破坏和平。一旦缔约国任何一方受到日本或与日本同盟的国家之侵袭因而处于战争状态时,缔约国另一方即尽其全力给予军事及其他援助;双方并宣布愿以忠诚的合作精神,参加所有以确保世界和平与安全为目的之国际活动,并为此目的之迅速实现充分贡献其力量;

(2)缔约国双方均不缔结反对对方的任何同盟,并不参加反对对方的任何集团及任何行动或措施;

(3)缔约国双方根据巩固和平与普遍安全的利益,对有关中苏两国共同利益的一切重大国际问题,均将进行彼此协商。

(4)缔约国双方保证以友好合作的精神,并遵照平等、互利、互相尊重国家主权与领土完整及不干涉对方内政的原则,发展和巩固中苏两国之间的经济与文化关系,彼此给予一切可能的经济援助,并进行必要的经济合作。

《中苏友好同盟互助条约》奠定了新中国初期中苏同盟关系的基础,它将此前中共中央的"一边倒"外交方针以法律文件形式固定了下来。该条约是一项防守同盟条约,实际上针对的是美国,即条约文本中所指的"其他用任何形式在侵略行为上与日本相勾结的国家"。在新中国面临美国强烈敌视的情况下,该条约极大地有利于中国在国际社会站稳脚跟。

五、联合国代表权问题

1945年10月联合国在美国旧金山正式成立,51个创始国出席联合国成立大会,中华民国派代表参加(代表团中有中共代表董必武)。根据《联合国宪章》规定，安理会（安全理事会）是联合国中唯一有权采取行动来维护国际和平与安全的机构；安理会由 5 个常任理事国和 6 个非常任理事国（1965 年增至10 个）组成；安理会的表决机制奉行"5 个常任理事国一致"原则，即安理会的任何实质性决议必须这 5 个国家不反对才能通过，换言之，任何一个常任理事国的否决都能使安理会行动受阻。中国是联合国创始国之一，也是联合国安全理事会五大常任理事国之一，这个地位非常显赫。

中国代表权问题的出现

1949 年 10 月 1 日，中华人民共和国成立，新中国政府发布公告，宣布只有中华人民共和国政府才是代表中国人民的唯一合法政府。因此，国民党政权无论是政治上还是法律上都已无权代表中国，国民党集团的代表理应被逐出联合国，由新中国代表团替代。这本是一个没有争议的现实。然而，由于当时的国际政治格局尤其是中美关系的状况，一个本来很简单的问题竟然变得极其复杂，拖了 22 年才得以解决。这也充分显示了新中国成立时所处国际环境的险恶。

1949 年 11 月 15 日，周恩来总理代表中华人民共和国政府致电联合国秘书长赖伊（Trygve Halvdan Lie）和第四届联合国大会主席、菲律宾外长罗慕洛（Carlos Pena Romulo），要求他们立即取消所谓"中华民国政府代表团"的资格，邀请中华人民共和国政府代表团出席联合国大会。周恩来的电报经过一番周折才被列入联大议程。在联大讨论中，苏联等友好国家支持新中国政府的要求，而美国则策动其伙伴国鼓噪，反对新中国政府加入联合国。其间，美国总统杜鲁门特意召集相关人士商讨阻挠新中国取得联合国合法权利的策略，最后，美国驻联合国代表以"该政府尚未被美国及其他许多联合国成员所承认"为反对理由，阻止了第四届联大做出有利于新中国要求的决议。

斗争的继续

第四届联大之后新中国争取恢复联合国合法权利的斗争并未结束。在1950 年 1 月 13 日的联合国安理会会议上，苏联代表团又提出驱逐国民党代表团、接纳中华人民共和国代表团的议案，自然，这个议案在安理会表决中遭到否决。苏联常驻联合国代表雅科夫·马立克（Яков Александрович Малик）随即声明，只要国民党集团的代表还占据联大和安理会席位，苏联代表团将不再出席安理会等联合国机构的活动，白俄罗斯、乌克兰、波兰、捷克等国代表也跟着宣布退出联合国各机构。

与此同时，周恩来总理接连致电联合国秘书长赖伊，质问联合国何时驱逐国民党集团的非法代表、何时邀新中国代表出席联合国。苏联代表团的举动和中国的一再要求，令赖伊大为尴尬，为平息中苏等国的愤怒之情，他在1950年3月表示"有必要迅速就哪个政府在联合国中代表中国的问题达成一项协议"。此后两个月中，他也的确前赴各大国首都进行了一系列"斡旋"活动，5月18日还在莫斯科会晤了中国驻苏联大使王稼祥。当然，在美国等众多西方国家敌视新中国的顽固立场面前，联合国秘书长的斡旋很难有成功的机会。不久，随着朝鲜战争的爆发，赖伊的一切努力都无果而终了。

西方的拖延策略

1950年8月底，在第五届联大开幕前，周恩来总理再次致电赖伊，要求立即驱逐国民党集团的代表团。赖伊迟迟不予答复。在第五届联大期间，有关中国代表权问题出现了苏联、印度和加拿大三个提案，苏联和印度的提案都分别提议邀请"中华人民共和国政府代表团参加联合国大会及其各机构的工作"，但均遭美国控制的联大否决。

加拿大提案则获得了通过，该提案建议组成一个"中国代表权问题特别委员会"以专门审议中国代表权问题。这个提案实际上是美国授意的一条"缓兵之计"。因为，联大虽然根据这个议案成立了由加拿大、厄瓜多尔、印度、伊拉克、墨西哥、菲律宾、波兰七国组成的"中国代表权问题特别委员会"，同时却又规定，在联大对七国特别委员会的报告做出决定之前，国民党集团的代表仍然享有在联合国中的一切权利。另外，在组成特别委员会的七个国家中，坚决支持新中国的只有印度和波兰，占绝对少数，这种成员组成对新中国的不利是可想而知的。

一年之后，在1951年11月的第六届联大期间，七国委员会提交了一份报告，声称，在目前情况下（意指中国人民志愿军在朝鲜战争中对"联合国军"作战），本委员会对中国代表权问题不能做出任何建议。美国方面顺水推舟，操纵第六届联大于1951年11月13日通过一项"延期讨论"中国代表权问题的决议。在以后的10年中，美国方面在历次联大中都以1951年的这项决议为借口，阻挠中华人民共和国恢复在联合国中的合法权利。

这项1951年决议直到1961年的第十六届联大才被否决。在1961年中国代表权问题进入联大讨论议程后，美国又策动联大规定中国代表权问题属于联大讨论中的"重要问题"，这意味着在联大表决中，有关恢复中国在联合国中合法权利的议案必须得到三分之二的多数票支持才能通过。

六、对日和约问题

1945 年 9 月 3 日，日本正式投降，第二次世界大战结束。战后，日本名义上由同盟国军队占领，实际上是由美军单独占领，除美军以外，占领日本的还有少数"英联邦国家"的军队。

根据 1945 年 12 月美英苏三国外长会议的决定，成立了由中、美、英、法等 11 个与日本交战的国家的代表组成的"远东委员会"，该委员会名义上拥有有关对日本问题的决策权；另外成立了一个由苏、美、英、中四国代表组成的"管制日本委员会"，充当驻日本盟军总司令部的咨询和监督机构。但在实际上，无论是远东委员会还是管制日本委员会都没有发挥什么有效的作用，真正决定战后日本命运的是盟军统帅、美军总司令麦克阿瑟（Douglas Mac Arthur），他被称为日本的"太上皇"。造成这种状态的最主要原因，乃是前面所述雅尔塔会议上美苏两国划分各自势力范围的规定依然有效，因此，在日本问题上，苏联对美国的所作所为基本上睁一眼闭一眼，不做过于激烈的对抗。

美国远东政策的调整

至 1949 年下半年，随着蒋介石集团在中国大陆的全面溃败，美国的对日本政策有所调整，逐渐把战略重点从中国转到了日本。1950 年 1 月，美国国务卿艾奇逊公开宣称"日本为亚洲的防共铁壁，必须在整个远东地区重新确立它的影响力"，这意味着美国准备在长期控制日本的同时，把日本变成一个对抗苏联和中国的前哨阵地。在这一政策的指导下，美国加紧展开缔结对日和约的活动。美国的策略是操纵缔结对日和约的程序，先自己准备对日和约草案，再迫使其他国家签订对日和约。和约的签订将让日本摆脱"被占领国"的身份，从而有可能被纳入美国控制的所谓集体安全体系，并使日本有可能出动军事辅助单位增援正在进行中的朝鲜战争。

新中国的反对

1950 年 10 月，美国提出了一份关于对日和约问题的备忘录，陈述了它的立场和观点。随后苏联也向美国政府提交了备忘录，针对美国的方案提出了一些质疑。周恩来总理于 1950 年 12 月代表中华人民共和国政府发表关于对日和约的声明，郑重指出"对日和约的准备和拟制如果没有中华人民共和国参加,无论其内容和结果如何,中央人民政府一概认为是非法的,因而也是无效的"。声明还指责美国政府现在"不仅企图破坏对日和约的程序,而且进一步企图推翻共同对日和约的基础"。

但是,美国无视苏联和新中国的抗议,拉上英国为帮手强行推行其对日和约主张。1951 年 7 月 12 日,英美公布了由两国拟订的"对日和约草案定本",接着发出了在旧金山召开对日和会的邀请。8 月 15 日,在抗日战争胜利 6 周年之际,周恩来总理发表声明,全面揭露了该草案的本质,重申中国人民"绝对不能接受这种片面的和约草案"。

旧金山和会

1951 年 9 月 4 日,美国、英国、苏联、日本等 52 个国家召开旧金山会议,短短几天,至 9 月 8 日就签订了对日和约。对照第一次世界大战后签订和约的巴黎和会长达半年之久来看,对日和约的签订可谓草率至极,称得上完全由美国一手操办。

旧金山和约的合法性一直为世人所诟病的原因还不止于此。该和约排斥了一些绝对不应该排斥的国家。在筹划和会期间,美国主张邀请国民党政权参加和会,而英国则已承认中华人民共和国并刚刚与新中国进行过几个月的谈判,故主张邀请中华人民共和国参加和会。英美最后达成协议,既不邀请台湾当局也不邀请新中国政府参加。这样,一个最主要的对日交战国竟然缺席对日集体和约,实属奇怪。另外还有两个对日交战国北朝鲜(金日成政权)和北越(胡志明政权)没有收到邀请,两个国家(缅甸和印度)收到了邀请但拒绝出席和会;在参加和会的国家中,还有三个国家(苏联、捷克和波兰)拒绝在和约上签字。

《旧金山对日和约》的不公正

不仅和约签订的程序上,《旧金山对日和约》在内容上也有许多不公正之处,其中重要的有:

(1) 关于南沙群岛和西沙群岛的规定。日本在二战期间侵占了这些中国所属的群岛,取名为"新南群岛"。旧金山和约规定日本放弃对这些群岛的权利(第 2 章第 2 条),但却没有明确规定这些群岛的归属;苏联副外长葛罗米柯(Андрей Андреевич Громыко)曾在会议上提出条约草案补充建议,要求明确将西沙群岛和南沙群岛归还中国,但该建议遭和会否决。这大大破坏了中国的主权,给一些国家(尤其是越南)日后非法侵占这些岛屿留下了某种模糊的借口。

（2）关于战争赔偿问题。和约第5章第14条规定"联盟国承认：日本应赔偿联盟国战中所生的一切损害与痛苦，但因日本目前拥有的资源不足以支持一个自主的经济体，且不足以完全赔偿前述之一切损害与痛苦，因此……除本条约另有规定，联盟国放弃赔偿请求权、联盟国与其国民放弃其他于战争期间被日本及日本国民战争行为之赔偿请求权，以及放弃占领之直接军事费用请求权"。这给日本日后抵赖战争赔偿准备了充分的借口。

（3）关于日本集体自卫权的规定。美国包办对日和约的目的就在于将日本变为其战争基地，故和约第3章第5条规定"联盟国承认，身为主权国家之日本，依据联合国宪章第51条之规定，拥有个别或集体自卫权等固有权利，同时日本得自主缔结集体安全协议"。在和约签订的同一天，美国与日本签订了《美日安全保障条约》（*Treaty of Security and Safeguard between Japan and United States*），规定"美国陆海空军在日本国内及周围有驻扎之权利"，并规定未经美国事先同意，日本不得将任何基地给予任何第三国。该条约甚至连美军驻扎日本的期限都不作规定，充分暴露出战后美国试图永久控制日本、利用日本进行全球扩张的图谋。

"日台和约"

《旧金山对日和约》的生效期是1952年4月28日。为了洗刷该和约的不正当性，美国进行了自欺欺人式的补救，于和约生效的同一天策划日本与蒋介石集团签订了"日台和约"，该和约也是美国反对新中国的政策指导下的产物。此时的蒋介石集团与日本一样，完全仰承美国的鼻息，全然不顾全中国人民的利益，它在和约第一款中就放弃了对日本索赔的权利。《旧金山对日和约》和"日台条约"，是新中国成立之初美国反华政策的集中表现，也是人为筑起的一堵阻碍中日邦交正常化的高墙。

附　录

本章大事年表

1945年

2月4日—11日	雅尔塔会议
5月7日	德国无条件投降

8月14日	国民党政府草签《中苏友好同盟条约》
8月15日	日本宣布无条件投降
10月24日	联合国成立

1946年

| 3月5日 | 丘吉尔发表富尔顿演说,美苏冷战拉开序幕 |
| 6月26日 | 第二次国共内战全面爆发 |

1948年

6月—1949年5月	第一次柏林危机,美苏冷战的第一次高潮
9月—1949年1月	国共内战三大战役
11月	杜鲁门当选,连任美国总统,宋美龄访美遭冷遇

1949年

1月19日	杜鲁门在内阁会议上明确表示不跟任何共产党政权打交道
3月	中国共产党七届二中全会
4月20日	"紫石英号"事件发生
4月21日	解放军发动渡江战役
6月下旬	中共中央最后确定"一边倒"政策
6月30日	毛泽东发表《论人民民主专政》
8月2日	美国驻华大使司徒雷登离开中国大陆
8月5日	美国国务院发布《中美关系白皮书》
8月29日	苏联成功研制原子弹
9月29日	中国人民政治协商会议通过《共同纲领》
10月1日	中华人民共和国成立
10月3日	美国总统杜鲁门宣布不承认共产党中国
10月24日	中国政府逮捕美国前驻沈阳总领事瓦尔德,后经审判驱逐出境
11月	联合国大会否决新中国政府取代国民党集团参加联合国的提案
12月—1950年2月	毛泽东访问苏联

1950年

| 1月6日 | 英国承认中华人民共和国 |

1月13日	苏联代表团宣布退出联合国及其所属机构
2月14日	《中苏友好同盟互助条约》签订
3月—6月	中英建交谈判,无果而终
4月30日	所有美国官方人员撤离中国
5月18日	联合国秘书长赖伊在莫斯科会晤中国驻苏联大使王稼祥
6月25日	朝鲜战争爆发
9月	第5届联合国大会通过关于建立"中国代表权问题特别委员会"的议案

1951年

7月12日	英美公布"对日和约草案定本"
9月4日—8日	旧金山对日和会
9月8日	《旧金山对日和约》签订;《美日安全保障条约》签订
11月13日	第6届联大通过"延期讨论"中国代表权问题的决议

1952年

4月28日	"日台和约"签订

重要知识点

雅尔塔会议　　美苏冷战　　三大基本方针　　"一边倒"　　"紫石英号"事件　　《中苏友好同盟互助条约》　　《中美关系白皮书》　　杜鲁门"不承认政策"　　瓦尔德事件　　联合国代表权问题　　《旧金山对日和约》《美日安全保障条约》　　"日台和约"

思考题

1. 冷战对新中国外交政策抉择的制约。
2. "一边倒"政策的形成背景和原因。
3. 美国对新中国政策的内在动因。

延伸阅读

[美]沃尔特·拉费伯尔著:《美国、俄国和冷战(1945—2006)》,牛可、翟伟、张静译,世界图书出版公司,2012年,第1—4章。

徐京利著:《另起炉灶——崛起巨人的外交方略》,世界知识出版社,1998年。

刘新生主编:《新中国建交谈判实录》,上海辞书出版社,2011年。

牛军著:《冷战与新中国外交的缘起,1949—1955年》,社会科学文献出版社,2013年,第1、2章。

许文鸿:《中共一边倒政策的形成》,知识产权出版社,2011年。

[美]费正清著:《美国与中国》,张理京译,世界知识出版社,2008年,第11—14章。

[美]孔华润著:《美国对中国的反应:中美关系剖析》,张静尔译,复旦大学出版社,1997年,第6章。

资中筠著:《追根溯源——战后美国对华政策的缘起与发展(1945—1950)》,上海人民出版社,2000年。

[美]邹谠著:《美国在中国的失败(1941—1950)》,上海人民出版社,1997年。

[美]爱德温·马丁著:《抉择与分歧:英美对共产党在中国胜利的反应》,姜中才等译,中共党史资料出版社,1990年,第1—2章。

[美]唐耐心著:《艰难的抉择:美国在承认新中国问题上的争论:1949—1950》,朱立人、刘永涛译,复旦大学出版社,2000年。

张丽著:《新中国建立初期的中美关系1949—1953》,黑龙江人民出版社,2009年,第1、2章。

沈志华主编:《中苏关系史纲(1917—1991)》,社会科学文献出版社,2011年,第1篇,第2篇第1章。

[苏]奥·鲍·鲍里索夫、鲍·特·科洛斯著:《苏中关系,1945—1980》,肖东川、谭实译,三联书店,1982年,第1—2章。

萨本仁、潘兴明著:《20世纪的中英关系》,上海人民出版社,1996年,第8章。

何明编著:《中苏关系重大事件述实》,人民出版社,2007年,第1—6章。

林孟熹著:《司徒雷登与中国政局》,新华出版社,2001年。

甄言主编:《中国与联合国》,四川人民出版社,1995年。

徐勇著:《战争遗留问题的源头:东京审判和〈旧金山合约〉》,黑龙江人民出版社,2011年,第1—6章。

第二章　朝鲜战争

新中国成立不到一年就遇到了一个严峻的考验——朝鲜战争,这场在紧邻中国的半岛上发生的国内战争很快演变为一场国际战争。新中国面临一个更剧烈的、可能将自身吞噬的漩涡,如何应对这场战争成为新中国能否真正站稳脚跟的关键。

一、朝鲜战争的缘起

"三八线"

朝鲜半岛 1910 年被日本吞并,此后它长期沦为日本的殖民地。在 1943 年 11 月美英中三国首脑举行的开罗会议上,同盟国发表了《开罗宣言》,明确规定朝鲜半岛将脱离日本统治,恢复独立自由。

至二战结束之际,苏联对日本宣战,美苏两国紧急划定两国军队在朝鲜半岛上的对日军作战的各自范围。在此匆忙之际,1945 年 8 月 10 日晚,美国五角大楼一名叫迪安·腊斯克(Dean Rusk)的上校军官会同另一位名叫博尼斯蒂尔(Charles Bonesteel)的上校参谋随意在地图上找到了一条可将朝鲜半岛大致等分的北纬 38 度线,将此上报为美苏军队作战区域的分界线。这条分界线很快得到逐级认同,当时谁也没有考虑它会有多大的意义,无非是一条用作军事用途的临时界线而已。美国将军李奇微日后也称这条纬度线是一条莫名其妙的界线,既不利于防守,在战略上也不重要。出乎所有人意料的是,这条分界线逐渐演变为一条森严戒备的火线,最终将朝鲜民族一分为二,直到今天。腊斯克上校当时肯定也没想到,自己日后将出任美国国务卿(1961—1968 年)。

南北朝鲜的对峙

二战后,朝鲜半岛上在美苏两国军队各自控制的区域里出现了两种截然不同的体制和政权。在朝鲜半岛北部是金日成领导的朝鲜劳动党在各地建立的人民委员会,在朝鲜半岛南部是以李承晚为首的所谓"韩国过渡政府"。金日成将军长期领导抗日游击战,在中国东北和苏联活动,最后随苏军打回朝鲜,他领导一支较有战斗力的军队,在朝鲜民众中也有一定威望。李承晚是朝鲜末代王朝李氏家族的一个旁系后裔,流亡美国 37 年,比之金九、金奎植等矢志不渝的朝鲜独立运动领袖来声望不高,他纯粹作为亲美人物获得美国支持而逐渐得势。

第二届联合国大会在 1947 年 11 月 14 日通过了一项决议,成立"联合国朝鲜临时委员会"("联朝委"),在朝鲜监督选举、建立政府和军队。苏联拒绝由美国操控的"联朝委"前往朝鲜半岛北部活动。1948 年 8 月,美国在朝鲜半岛南部地区强行举行选举,成立了大韩民国政府,由李承晚出任总统。

金九等人反对这种分裂朝鲜的做法,乃至派员潜赴北部与金日成方面联络,但没有成效,金九也最终于 1949 年 6 月被暗杀。朝鲜劳动党也于 1948 年 9 月建立了朝鲜民主主义人民共和国,金日成出任首相,与李承晚的南韩当局对峙。这样,朝鲜半岛被人为地分裂为两个国家。

朝鲜战争的爆发

1948 年年底,苏军撤出北朝鲜,次年 6 月,美军也撤离韩国,南北双方在"三八线"上直接对峙起来,双方都坚持自己是朝鲜半岛唯一合法的政府,都宣称要用武力统一整个朝鲜半岛。在此后的一年中,南北军队之间的冲突时有发生且愈演愈烈,直到 1950 年 6 月 25 日,终于爆发了大规模的内战。

二、战争的扩大

美国的干涉

朝鲜战争爆发后,韩国军队迅速溃退,朝鲜人民军奋进突击,3 天后便占领了韩国首都汉城(今首尔)。朝鲜战争一爆发,韩国的后台美国便立即出手干预。6 月 25 日和 6 月 27 日,美国政府指使联合国安理会召开了两次紧急会议,讨论朝鲜半岛局势。在此之前的 1950 年 1 月,苏联代表马立克已因中国代表权问题愤然退出安理会。按苏联资深外交官葛罗米柯的回忆,安理会在召开紧急会议时曾通知苏联方面派员参加,但斯大林不愿轻易放下架子,也没有料到缺席安理会可能引起的恶果,故仍然拒绝参加会议,直到 2 个月之后才派马立克重返联合国。

由于苏联方面的缺席，美国得以在安理会中大行其事。两次安理会紧急会议秉承美国的意旨，分别通过了两项决议。6 月 25 日的第 82 号决议指控朝鲜武装攻击韩国，6 月 27 日的第 83 号决议更号召联合国各会员国向韩国当局提供必要的援助以击退朝鲜军事进攻。

与此同时，美国总统杜鲁门立即命令美国驻日本占领军总司令麦克阿瑟出兵，接着又依据 7 月 7 日安理会第 84 号决议成立了"联合国军"，由麦克阿瑟出任"联合国军"司令。参加"联合国军"的国家除美国以外还有 15 个国家，它们是英国、土耳其、加拿大、泰国、新西兰、澳大利亚、荷兰、法国、菲律宾、希腊、比利时、哥伦比亚、埃塞俄比亚、卢森堡、南非。"联合国军"以美军为主体，其他各国基本上是象征性出兵，出兵最多的英国不过派遣了 2 个旅，出兵最少的卢森堡仅一个排 44 人而已。

仁川登陆

"联合国军"的干涉并未立即奏效，朝鲜人民军继续不断获胜，至 1950 年 8 月中旬，美李军队被赶至朝鲜半岛东南端釜山周围洛东江以东不足 1 万平方公里的狭窄地带，但朝鲜人民军多次强攻仍无法突破美军的洛东江防线。

此时的麦克阿瑟在暗中准备一次在人民军后方的登陆行动，他颇为诡谲地选择了朝鲜半岛西海岸中部的仁川，这里人民军的防守极为薄弱。密切关注朝鲜半岛战局的中国军方将领雷英夫曾预测过美军的仁川登陆行动并逐级通报给了人民军方面，却未引起金日成的重视。

1950 年 9 月 15 日，7 万 5 千名"联合国军"在仁川成功登陆，大踏步向东穿插，将人民军主力阻隔在半岛南部，一举扭转了战局。面临可能被彻底围困局面的人民军只得全速后撤，成无建制溃败之势。得手的麦克阿瑟狂妄

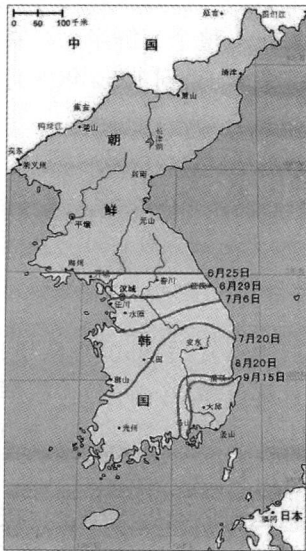

图 2 - 1 仁川登陆前的朝鲜战争战况，1950 年

至极,叫嚣将一举解决朝鲜问题。"联合国军"于 10 月 8 日越过"三八线",10 天后占领朝鲜首都平壤,并推进至中朝边界附近。新生的朝鲜民主主义人民共和国面临夭折的危险。

中国的立场

历史上中国两次出兵力图挽救朝鲜,一次是明末万历年间明朝出兵助其抵抗丰臣秀吉的日本侵略军,另一次则是清末的甲午战争,同样是抵抗日本的侵略。此次朝鲜战争爆发后,针对美国策动联合国出兵干涉朝鲜内战一事,毛泽东主席于 6 月 28 日发表声明,称"全世界各国的事务应由各国人民来管,亚洲的事情应由亚洲来管,而不应由美国来管"。

鉴于美国操纵联合国为其侵略政策作幌子的不利局面,苏联于 1950 年 8 月派其驻联合国代表马立克重返联合国安理会,并利用苏联正好为该月安理会轮值主席国的身份努力在外交上造势。苏联方面就解决朝鲜问题提出了包含两点建议的提案:(1) 停止朝鲜半岛境内的敌对行动,撤出外国军队;(2) 安理会在讨论朝鲜问题时必须邀请中华人民共和国代表参加。在朝鲜人民军连续取胜的当时,该提案的第一点无疑有利于朝鲜一方,第二点则有利于新中国获取国际影响。自然,这样的提案不会得到美国方面的同意,它在安理会讨论中被否决了。

随着美军仁川登陆后风云突变,中国的态度对于朝鲜的存亡来说变得至关重要,金日成不断向中国领导人发来求救呼吁,中国方面也开始筹划援救事宜。在外交上,周恩来总理多次发表公开声明,宣称"中国人民决不能容忍外国的侵略,也不能听任帝国主义者对自己的邻人肆行侵略而置之不理"。"不能置之不理"这样的表述,是新中国成立以来第一次发出的严正警告,美国方面对此似乎还不熟悉,但在以后的岁月中它会印象深刻因而不敢再掉以轻心。在公开声明的同时,周恩来总理还通过印度方面的外交渠道,向美国方面表达了中国对朝鲜事态的具体立场:中国希望朝鲜战事尽快平息,恢复"三八线"的临时分界线;如美军越过"三八线",中国将进行干预。

三、中国的参战

中国面临的困境

但是,中国方面的这些警告丝毫没有引起美国政府的重视。美国决策层普遍认为，新中国刚刚成立不到一年，连大陆上的国民党残余势力还未清除干净，怎么可能出兵朝鲜对抗强大的"联合国军"？因此认为周恩来无非是空言恫吓而已。尤其是麦克阿瑟和国务卿艾奇逊等反共好战分子，他们为美军的军事胜利陶醉，自然不愿意因中国的几句警告就放弃武力解决朝鲜问题的大好时机。他们对中国人民解放军的战斗力也极其藐视，麦克阿瑟曾扬言，与一支现代化军队相比，中国军队不过是炮灰而已。这批人的意见在美国决策层中占据了上风，于是杜鲁门总统授权麦克阿瑟指挥"联合国军"越过"三八线"追击朝鲜人民军。

美国对中国的警告置若罔闻的态度，把中国逼到了墙角。虽然在朝鲜战争开始后不久，中共高层已做出一旦需要就出兵干预的预案，并已做了一些前期布防，命驻扎东北的解放军第十三兵团密切关注朝鲜战争战况，但到真正需要出兵之时，中共高层内部仍有意见分歧，实际上，暂不出兵的意见一度占上风。

暂缓出兵的理由

在中共中央政治局讨论中，不少人担心我方的军队准备不够，还没有任何与美军作战的经验，如果贸然参战，入朝后可能无法挡住美军的攻势，反而会招致事态扩大的危险，给退据台湾的国民党以可乘之机。这样的担忧不无道理。蒋介石在败退台湾后所抱的强烈幻想就是等待"第三次世界大战"爆发，在美国军队的支持下重开战局，实现其反攻大陆的计划。朝鲜战争的爆发和美军的干预，正是国民党急切期盼的时机，故战事一起，蒋介石就向杜鲁门主动请缨，要求派兵加入"联合国军"，并组建了以孙立人将军为统帅的赴朝参战军。只是由于杜鲁门对战事扩大的疑虑，国民党军队才被排斥在"联合国军"之外。但如果新中国出兵朝鲜，蒋介石的机会就很可能失而复得。

除这个担忧之外，另一个不利的因素是苏联方面的暧昧态度。美军出兵朝鲜之后的 1950 年 7 月，中苏之间曾达成协议，万一需要出兵干预朝鲜战争，则中国派遣地面部队，苏联派空军承担空中作战任务。但随着战事的逼近，斯大林的心思发生了变化，他首先考虑到如何避免卷入与美国的正面冲突，故借口苏联空军尚未准备就绪而不兑现承诺，当 10 月中旬周恩来在苏联会晤斯大林时，斯大林一直不肯松口。

参战的理由

然而，中方最终做出了出兵的决定，尤其在 1950 年 10 月 4 日彭德怀赴京参加决策讨论并坚决支持毛泽东的意见之后，出兵的意见占据了主导。毛泽

东与彭德怀等人虽然也知道即刻出兵风险极大,但更认为,不出兵有着许多不利之处:

（1）如果暂不出兵,听任美军推进至鸭绿江对岸,国内外的反动势力气焰会更加高涨;美军压至鸭绿江,将对当时中国唯一成规模的重工业基地——东北,造成巨大压力,且威胁到其时中国最重要的电力供应基地丰满水电站;即使暂不出兵,中国也须布防重兵才能应付时局,整个东北边防军将被牢牢吸引住,不敢稍有懈怠。

（2）如果说我方准备不充分,敌人也未必准备充分,因此也无须胆怯。

（3）最关键的一点,在当时冷战较量如火如荼的国际局势之下,中共高层内有一个非常坚定的判断,即美国正积极地在中国四周建立军事基地,增加驻军,拼凑军事同盟,大力支持国民党盘踞台湾,这些都对新中国构成长期的威胁,故中美之间必有一战。在这种态势下,与其晚打还不如早打。因为,晚打无非是争取几年的和平搞建设,但既然迟早必有一战,几年来辛辛苦苦建设起来的东西,终究还是会被全部打烂,不如现在就着这副国民党留下的烂摊子奋力一搏。

（4）毛泽东等人也认识到,派兵入朝参战,要有清醒的战略定位,不要指望一战而大获全胜;如果能取得一定的战果,比如获取一两个战役的胜利,也就能振奋国民精神,提高新中国的威望;而如果没打好,被打回来,且让国民党军尾随进来,那也没什么,可以重新上山,从打游击开始再干,就当是晚解放几年罢了。做好了这种最坏的打算,再困难的决定也就能做出来了。

中国参战的最终决策

中共中央的出兵决定,应该是在 10 月 5 日就做出的。为避免给美帝国主义提供扩大战事的口实,中国参战部队定名为"中国人民志愿军",以在名义上有别于中国的政府军。10 月 8 日,中央任命彭德怀为志愿军司令员兼政委前赴东北,原东北边防军十三兵团为第一批入朝参战部队。同一天,周恩来和林彪前赴苏联,在随后几天与斯大林的会晤中,周恩来表面上虽向斯大林提出中国有出兵和不出兵两套方案,但这无非是给斯大林施加一定压力,争取让他鼓起勇气予以积极配合。

周恩来与斯大林交涉的结果并没有实质性影响中共已定的出兵决策,否则就无法解释中国在斯大林继续拒绝苏联空军参战的情况下依然派兵。在看到斯大林依然不愿行动起来时,中国领导人放弃了对斯大林的幻想,决定不等苏联空军出动,中国军队首先单独出兵。当 10 月 13 日晚周恩来告知斯大林中共中央的最后决定时，斯大林大为感动，遂兑现了除立即派苏联空军参战之外的其他各项承诺。

新中国领导人的胆略气魄

中国出兵朝鲜战争的决策，是一个极其困难的抉择。新中国刚刚建立一年，继承的是从晚清以来历届腐败政府遗留下来的一个几乎一穷二白的烂摊子，却要在盟友苏联有限的支持下对阵世界头号强国美国及其众多仆从国，这需要冒多大的风险！

与这种形势极其相似的一个历史事件是明末的李自成起义。李自成的大顺政权在基本控制全国局势之后贸然出兵关外，结果一败之下短短数月便彻底灭亡。毛泽东对李自成的前车之鉴可谓了如指掌，他在全国解放前夕就不断告诫全党同志引以为鉴，戒骄戒躁，切莫学李自成和刘宗敏。就实力对比来看，打败李自成百万大军的敌人不过是区区 20 万清军而已，而在朝鲜战争中中国军队要面对的却是用现代化武器武装到牙齿的"联合国军"，其间的力量悬殊，远非李自成义军与清朝八旗兵之间的差距可比。

但毛泽东等新中国第一代领导人还是毅然做出了出兵朝鲜的决定，这种大无畏的胆略和气魄，着实令人赞叹。笔者以为，毛泽东之所以敢于做出如此艰难的抉择，关键是他对朝气蓬勃的中国共产党和英勇善战的中国人民解放军有着充分的信任，也对广大中国民众对新中国政权的支持有着足够的信心。1950 年时毛泽东领导下的政党、军队和人民之力量，远非李自成麾下那些已经腐败堕落的起义大军和与大顺政权离心离德的百姓可比。

图 2-2　中国人民志愿军跨过鸭绿江

四、志愿军参战后的战况

从 1950 年 10 月 19 日晚起，中国人民志愿军分批秘密渡过中朝界河鸭绿江。此后 7 个多月中，中国人民志愿军进行了五次战役，将"联合国军"赶回

"三八线"以南并将战线基本稳定在"三八线"附近。在随后的两年中,中国人民志愿军和朝鲜人民军击退了"联合国军"的多次反击,直到1953年7月停火协议签订。

五次战役

志愿军入朝后的第一次战役于1950年10月25日打响,这一天后来被命名为"抗美援朝纪念日"。志愿军在为时12天的第一次战役中对轻狂冒进的敌人实施突袭,歼敌15 000余人,将"联合国军"全部赶回清川江以南。

在尝到失败的味道后,"联合国军"司令麦克阿瑟还不以为然,以为仅仅是少量中国军队渗入朝鲜,不足为虑。他决定反攻,并宣称在圣诞节前结束战事,故他把反攻行动取名为"圣诞节攻势"。彭德怀指挥志愿军将计就计,故意示弱,诱敌军北进后于11月25日发动第二次战役,将东线敌军10余万人压在长津湖地区实施围攻,同时对西线战场的美军第8集团军实施侧击。战至12月24日,"联合国军"再次全线崩溃,退至"三八线"以南,麦克阿瑟的"圣诞节攻势"按预期结束,只不过"攻势"变成了"溃败"。

1950年12月31日至1951年1月7日,在毛泽东的力主下,志愿军再次主动进攻,进行了第三次战役,歼敌1.9万多人,解放了汉城和仁川等重要城市,将战线推进至"三七线"附近。但此时志愿军已跃进大半个朝鲜半岛,战线过于漫长,后勤供给不济,恐遭敌人包围,遂主动后撤。当"联合国军"纠集23万部队再次反扑时,志愿军在1951年1月25日至4月21日的第四次战役期间顽强抵抗,虽然被迫放弃了汉城,但多次突袭,在汉江流域歼敌无数。

图2-3　朝鲜战争中的彭德怀与金日成　图2-4　"联合国军"统帅、美军总司令麦克阿瑟

中朝军队在战场上的巨大胜利,引起了"联合国军"各参战国之间的矛盾。麦克阿瑟为掩盖其战场失败,多次提出发动对中国大陆的攻击,如大规模轰炸

东北、动用原子弹轰炸东南沿海大城市并邀请蒋介石军队参战等，遭到其他西方国家的反对，也未得到美国政府决策层的同意。杜鲁门总统对麦克阿瑟的轻狂举动忍无可忍，遂在第四次战役期间的 4 月 11 日通过广播下达命令，免除麦克阿瑟的美军及"联合国军"总司令官职务，由李奇微（Matthew Bunker Ridgway）将军接任。麦克阿瑟是在无线电广播中与全世界民众一起得知这项任命的，这对自认为美国军队头号元勋的麦克阿瑟来说无疑是一个极大的羞辱，这也从另一方面反映了志愿军英勇奋战之战果给"联合国军"造成的巨大打击。

1951 年 4 月，志愿军增援部队到达前线，在数量上首次超过了"联合国军"，但依然面临着战线过长的困境。新任"联合国军"总司令李奇微观察到志愿军作战的两个特点，一是志愿军战士必须随身携带武器弹药和给养，最多只能维持 7 天作战，故志愿军的攻势一般只能持续一个礼拜；二是志愿军缺乏重武器装备，为避免白天的无谓消耗，大都选择有月光的夜间发起进攻。针对这些特点，李奇微为"联合国军"制定了所谓"磁性战术"，即在志愿军发动进攻后死守阵地，尤其在夜间严防袭击，待六七天后志愿军攻势减弱时迅速跟进反击，不给志愿军以喘息机会。这套战术给志愿军造成了相当大的麻烦。

为缩短战线，志愿军发起了第五次战役，战役目标是在进行一次大规模进攻后迅速后撤至坚固阵地防守。1951 年 4 月 22 日，20 万志愿军再次向南进攻至汉城附近，痛击韩军，随后自 4 月 29 日起，志愿军展开逐节阻击，粉碎了李奇微的有计划反攻，战至 6 月 10 日，歼敌 8 万多人，守住了 40 公里后的预设阵地，双方转入战略对峙。此役志愿军也付出了惨重的代价，尤其是奉命断后的第 60 军 180 师陷入重围，损失约 8 000 人。

边谈边打

中国人民志愿军和朝鲜人民军在五次战役中沉重打击了以美国为首的"联合国军"，迫使美国坐到谈判桌旁。自 1951 年 7 月 10 日起，朝鲜战争进入了停战谈判阶段，但美国不甘心失败，在稍事休整后，李奇微指挥"联合国军"于 1951 年 8 月 19 日发起连续的"夏季攻势"和"秋季攻势"，进攻中朝军队的阵地。经过两个月的激战，至 10 月 22 日，"联合国军"以伤亡 8 万 8 千人的代价仅将战线前推了 2 公里，占地仅 646 平方公里，西方阵营国家惊呼如此代价太过惨烈，不愿再战，连李奇微也意识到，"没有谁会相信凭我们手中的这点儿有限的兵力，能够赢得什么全面胜利"。无奈之下，美国被迫同意于 10 月 25 日回到谈判桌上。而中国人民志愿军则于 1951 年 10 月 30 日至 11 月下旬发起局部攻势,收复 178 平方公里土地,巩固了开城地区的防御。

至 1952 年 10 月,美李方面再次中断谈判,范弗里特(James A. Van Fleet)指挥美军第 8 集团军发动"金化攻势",但在上甘岭遭到志愿军的顽强抗击,激战 43 天,伤亡达 9 千多人,却无法攻取这个仅 3.7 平方公里的小山头。上甘岭战役后范弗里特不得不重新评估中国人民志愿军的阵地防御能力,此后再也不敢发动较大规模的攻势。

1953 年 4 月 26 日,朝鲜停战谈判再度开启,各项协议逐步达成,但韩国李承晚集团却不愿罢休,刻意阻挠谈判。中国人民志愿军遂于 1953 年 5 月 13 日发起主要针对李承晚军队的三次反击战役,历时 2 个多月,歼敌 12 万余人,尤其是全歼韩国最精锐的首都师白虎团,向南夺取土地 240 平方公里,将李承晚集团打上了 7 月 27 日的停战协议签字仪式。

五、朝鲜停战谈判

朝鲜停战谈判是一场外交斗争与军事斗争交织在一起的尖锐复杂的较量,形成了两年多时间里"打打谈谈"、"边打边谈"的奇特情形,中国人民志愿军和朝鲜人民军在战场上奋力拼搏,中朝谈判代表也在谈判桌上与"联合国军"一方的代表唇枪舌剑、针锋相对,最终不辱使命,争取到最大限度的有利协定,确保了中朝军队浴血奋战的胜利果实。

谈判的缘起

到 1951 年 6 月,美国方面消灭朝鲜政权的企图已经落空,而中国方面也认识到,要将"联合国军"彻底赶出朝鲜半岛也无可能,于是,外交斗争的作用越来越凸显。1951 年 6 月 23 日,苏联驻联合国代表马立克公开提出双方进行停火谈判的建议,中国方面马上在《人民日报》上发表声明赞同苏联的和平倡议,焦头烂额的美国总统杜鲁门也立即

图 2 - 5　朝鲜停战谈判朝中代表团。从左到右为解方、邓华、南日、李相朝、张平山

图 2-6 朝鲜停战谈判工作组，坐者为
李克农，中站者乔冠华

表示同意进行和平谈判。

经过十几天的前期接洽，朝中代表团和"联合国军"代表团于 7 月 10 日在开城附近来凤庄进行了第一次正式会谈。"联合国军"代表团由美国远东海军司令乔埃中将（Charles Turner Joy）等 5 人组成。朝中代表团则由朝鲜人民军总参谋长南日大将（首席代表），中国人民志愿军第一副司令员邓华、志愿军参谋长解方，朝鲜人民军将领李相朝、张平山组成。根据朝中两国高层的协议，朝中联合代表团由时任中国外交部副部长和中央军委情报部部长的李克农领导，李克农率乔冠华、柴成文等组成工作组镇守谈判驻地，随时掌握过程、指导谈判。

朝鲜停战谈判的特点

朝鲜停战谈判充满了火药味，双方代表大多是职业军人，完全不理会外交礼仪，谈判之中保持了相互不握手、不敬礼、不打招呼的奇怪景象。谈判双方各呈智慧，力图在每一个环节占据上风。

双方的交锋从前期接洽就开始了。6 月 29 日，李奇微通过广播和传单向朝中方面建议在元山附近海面中立国丹麦的一艘兵船上举行会谈；朝中方面也通过新华社和《人民日报》宣布朝中方面司令员金日成和彭德怀同意谈判，但坚持谈判场所放在开城附近的来凤庄。这个反建议得到李奇微的认可。来凤庄当时处在中国人民志愿军控制区，"联合国军"代表团须穿过中朝军队警戒线前来谈判，多少有点帐前求和的味道。

在 7 月 8 日双方联络官商讨代表团标识旗帜时，一番唇枪舌剑之后，昏了头的美军联络官竟当着众多国际记者同意了如下安排：朝中代表团打红旗，"联合国军"代表团打白旗。"联合国军"代表团打着具有明显投降含义的白旗前来会谈，可谓丢尽脸面，"联合国军"总司令李奇微得知后大为恼怒，却木已成舟，无可奈何。

朝鲜停战谈判旷日持久,从 1951 年 7 月 10 日一直持续到 1953 年 7 月 27 日,其间还两度中断,谈判中断期分别是 1951 年 8 月 22 日至 1951 年 10 月 25 日、1952 年 9 月 18 日至 1953 年 4 月 26 日;即使在谈判进行过程中,战场上的敌对行动也从未完全中断。谈判无法达成协议的矛盾集中点,一是军事分界线问题,二是战俘处置问题。

军事分界线问题

在军事分界线问题上,朝中方的立场是以"三八线"为军事分界线,双方各自后退 5 公里建立非军事区,脱离接触;"三八线"是朝鲜战争爆发前南北两方原有的军事分界线,得到包括美国在内的世界各国的公认,停战后理应恢复这条界线。但美国方面拒绝朝中方的合理主张,提出"海空优势补偿论",称"联合国军"是陆海空三军参战,空中海上占有绝对优势;而中朝军队只有陆军,因此在"三八线"上停战不公平,体现不出"联合国军"的优势;"联合国军"的海空优势应在划定军事分界线时得到补偿;故朝中军队应向后撤,让出 12 000 多平方公里土地给"联合国军"。

朝中方面坚决反对这种无理主张,志愿军代表解方将军对乔埃将军反唇相讥称:"我承认你们的海空优势。你们是陆海空三军参战,但是你们不要忘了:我们一军对三军就把你们从鸭绿江边赶到'三八线',如果是三军对三军,早把你们赶下大海了,还有什么谈的余地呢!"乔埃将军哑口无言,遂采取一言不发的干坐战术。朝中方代表经李克农指示予以奉陪,有一次谈判竟在双方长达 132 分钟的沉默不语奇状下进行。

在军事分界线问题上的僵局是导致 1951 年 8 月停战谈判第一次中断的实际原因。此后,李奇微指挥"联合国军"空军对前线志愿军的后勤补给线实施不间断的狂轰滥炸,试图用所谓的"空中绞杀"来逼迫中朝军队屈服,同时在地面发起夏季攻势和秋季攻势,但均未得逞。美国方面被迫同意 1951 年 10 月 25 日恢复谈判。

为消除前一轮谈判时"联合国军"代表团"屈尊"前来议和的色彩,美方坚持将谈判地点改在了不在任何一方控制下的板门店,"三八线"直穿会场中谈判桌的正中央,坐在谈判桌两端的双方代表各处"三八线"的南北方。此后美方不再坚持"海空优势补偿论",至 1951 年 11 月 27 日,双方达成如下协议:

(1)以实际接触线为军事分界线,双方各由实际接触线后退 2 公里以建立一条宽 4 公里的非军事区;

(2)如停战协定在本协议批准 30 天内签字,所确定的军事分界线和非军

事区不再予以变更;

(3)如30天内停战协定尚未签字,则按将来实际接触线修正军事分界线和非军事区。

由于志愿军在此后几次反击作战中的胜利,根据该协议第三项规定,最终确定的军事分界线比首次协议时向南移了一些,朝鲜因此多获得332.6平方公里的土地。

战俘问题

争执更激烈、更持久的是战俘处置问题。从1951年12月11日开始,停战谈判进入了战俘问题的议程。

在整个朝鲜战争中,"联合国军"捕获的战俘达13万人,其中志愿军战俘约2.1万人;而朝中方面捕获的战俘为2.2万人。关于战俘问题,1949年由16个国家签署的《关于战俘待遇之日内瓦公约》规定"实际战事停止后,战俘应即予释放并遣返,不得迟延"。但美国出于其敌视新中国和朝鲜的心态,公然违背日内瓦公约确立的国际行为准则,节外生枝地提出"一对一交换"和"自愿遣返"/"非强制遣返"的主张,企图将一部分人民军和志愿军战俘分别转交韩国当局和国民党当局这两个反共政权。为此,美国招来大批国民党特务进入志愿军战俘营,大肆恐吓胁迫要求遣返的志愿军战士,其手段之残忍令人发指。

中朝方面尤其是中国人民志愿军方面坚决反对美国别有用心的战俘处置主张,坚持"全部遣返原则"。1951年12月之后朝鲜战争又持续一年半多时间,实出于战俘问题的悬而未决。

中国领导人和中国人民不畏强暴、维护尊严的不屈气概,令美国领导人气馁。美国统治集团逐渐意识到,旷日持久的朝鲜战争并不符合美国的全球战略和国家利益,朝鲜半岛战事的持续,将使一旁的苏联得以改善其战略态势。同时,美国民众的反战情绪也日趋强烈,他们不能承受越来越多的子弟魂丧遥远的异国他乡。1953年1月上台的新总统艾森豪威尔(Dwight David Eisenhower)终于决定改弦更张,放弃了原有的骄横姿态,在战俘问题上做出了让步。

到1953年6月8日,停战谈判双方最终达成协议:在停战协议生效后的60天内交战双方立即遣返战俘;在60天之后,将尚未遣返的战俘统交由波兰、捷克、瑞典、瑞士和印度五国代表组成的"中立国遣返委员会",由该委员会负责继续遣返战俘。虽然最后仍然有1.4万多名志愿军战俘被胁迫去了台

湾,但至少美国不是通过停战协议达到其企图的。

图 2 - 7　朝鲜战争停战协议签字仪式,1953 年 7 月 27 日

六、朝鲜战争评述

朝鲜战争伤亡数据

中国人民志愿军入朝参战后的朝鲜战争,在中国被称为抗美援朝战争。在这将近三年的惨烈战事中,中国人民志愿军歼灭了大批敌人,自己也付出了重大的伤亡代价。

关于朝鲜战争各方的伤亡情况,并没有非常精确的统计数据。"联合国军"方面,1953 年 10 月美联社报道称,在整个战争中"联合国军"共损失 1 474 269 人,其中美军损失 144 360 人;而 1976 年韩国国防部战史编写委员会出版的《韩国战争史》则声称,"联合国军"方面毙伤俘人数是 1 168 160 人,其中韩国军队的损失为 984 400 余人(阵亡 227 800 余人,负伤 717 100 余人,失踪 43 500 余人)。按 1995 年在美国首都华盛顿建成的"朝鲜战争阵亡将士纪念碑"所刻数据计,美军损失为 17.28 万,其中阵亡和非战斗死亡 54 246 人,负伤 103 248 人,被俘后遣返 3 746 人,失踪 8 142 人;其他"联合国军"损失 1.7 万;"联合国军"和韩军共损失约 242 万,其中死亡共 62.88 万。

按朝鲜方面的统计,朝鲜人民军损失共约 62 万,其中阵亡 215 000 人,负伤 303 000 人,失踪或被俘 101 000 人。中国人民志愿军方面,经过"中国抗美援朝纪念馆"近十多年来全国性的走访查实,目前较准确的数据为死亡 18.3 万人(其中阵亡 11.14 万),负伤 38 万人,失踪 7 600 人,被俘 21 400 人,共计损失 59.2 万。中朝方面共损失约 117.7 万。

从上述伤亡数据来看，中朝方面的损失与"联合国军"方面最低估计的损失相当，即 117.7 万对 116.8 万，但在其中，中国人民志愿军与美军及其他"联合国军"的伤亡对比却不对称，为 59.2 万对 19 万，前者超过后者 2 倍。鉴于中国人民志愿军与美军在武器装备上的巨大差距，这样的伤亡比例丝毫不足为奇，完全不能用以证明两军战斗力的高下。事实上，"联合国军"总司令李奇微在其回忆录中坦言，中国军队除了武器装备之外，在任何方面都远远优于美国军队。

战争胜负的评判标准

列举上述数据，只是为了说明这场战争的惨烈程度，而不是用来评判这场战争的胜负，因为，伤亡数据从来就不是评判一场战争中双方胜负的依据。判定战争胜负最重要的甚至是唯一的依据，乃是看交战双方的战争目标是否实现。

中国最初的参战目标很明确，即"抗美援朝、保家卫国"，这个战争目标完全实现了——当中国人民志愿军入朝参战时，金日成政权已丢失了首都平壤，岌岌可危，而当战争结束时，朝鲜民主主义人民共和国安然无恙并延续至今；而且，在整个朝鲜战争中，战火从来没有烧过鸭绿江，中国成功地实现了"保家卫国"的目标。

新中国的巨大胜利

参照中美两国的战争目标和朝鲜停火协议的各项规定，可以说朝鲜战争中中美之间打成平手。然而，这种评判只是排斥任何感情色彩做出的冷峻判断。实际上，对中美两国来说，这场"平手"战的意义有着天壤之别。

作为世界头号强国的美国，率同十多个仆从国军队前来朝鲜半岛，遭遇中国这样一个长久被人藐视的孱弱民族和建国刚刚一年的东方弱国的阻击，交战近三年，最后竟不得不言和，其苦涩难忍的心情是不言而喻的，这个"平手"，与失败无异。难怪美国的一家主流媒体《纽约先驱论坛报》(*International Herald Tribune*)在停战后立即发表社论，公然称这场战争是"美国战争史上最大的一次惨败"；而在停战协议书上签字的最后一任"联合国军"总司令克拉克将军(Mark Wayne Clark)也黯然神伤，悲叹自己无奈地扮演了一个不光彩的角色，成为"第一个在没有获得胜利的停战书上签字的美国将军"。此后几十年里美国民众大多不愿回顾和评论这场战争。它在美国逐渐成为一场"被遗忘了的战争"。

与此相反,这个"平手"被中国人民欢呼为一场巨大的胜利。朝鲜停战协议签订的消息传来,举国欢腾,长期饱受外国列强欺凌的中华民族,终于迎来了一场真正的辉煌胜利,一百多年来的屈辱感一扫而光。这场胜利带来的鼓舞,远远大于抗日战争的胜利。在抗日战争中,中国是与美、英、苏等众多强大的反法西斯同盟国一起,战胜了已经穷途末路的日本,经此一战,神州大地一片废墟,几乎奄奄一息,故抗战的胜利被人称为"惨胜"。而在朝鲜战争中,中国人民派出自己的英雄儿女开赴国外,凭借极其低劣的武器装备,对阵17国联军,御敌于国门之外,由此给中国人民带来的自豪感和自信心,实为数百年来之未所见。毛泽东主席在建国时的宣言"中国人民从此站立起来了",现在真正成为现实。

朝鲜战争的历史意义

正是由于中国人民和中国军队在朝鲜战争中的惊人表现,世界各国此后不得不重新考虑其对华政策,即使它们中的一些国家并不想改变反共反华立场,却也再不敢轻率对待这个重新焕发生机的东方古国,新生的中华人民共和国也得以傲立于强敌环伺的国际环境之中。

中国国内一度曾有一些人摆出一副"睿智"、"冷静"的姿态,力图贬低抗美援朝战争的意义,称中国人民在这场战争中的巨大牺牲很不值得,特别是五次战役之后的继续作战,颇有为斯大林的苏联火中取栗之嫌;并称这场战争导致新中国陷入被西方世界长期孤立的态势、经济建设大受妨碍云云。制造这些言论的人,如果不是企图达到"语不惊人死不休"的目的,至少是缺乏健全的历史感,既不能正确认识近代以来中华民族走过的屈辱历程及中国人民不可遏制的雪耻雄心,也完全不理解美国政府敌视中国、称霸世界的强烈野心和冷战时代国际政治中意识形态较量的残酷本质。

附　录

本章大事年表

1945 年

　　8 月 8 日　　　　　　　　苏联对日宣战

8 月 10 日	"三八线"划定
8 月 15 日	日本宣布投降
1948 年	
8 月 15 日	"大韩民国"成立,李承晚出任总统
9 月 9 日	"朝鲜民主主义人民共和国"成立,金日成出任首相
12 月	苏军撤出北朝鲜
1949 年	
6 月	美军撤出韩国
1950 年	
6 月 25 日	朝鲜战争爆发;联合国安理会紧急会议通过第 82 号决议,指控朝鲜入侵韩国
6 月 27 日	联合国安理会紧急会议通过第 83 号决议,号召联合国各成员国向韩国当局提供必要的援助以击退北朝鲜军事进攻
7 月 7 日	"联合国军"成立,麦克阿瑟出任总司令
9 月 15 日	仁川登陆
10 月 5 日	中共中央做出参战的最后决定
10 月 8 日	"联合国军"越过"三八线"进攻朝鲜军队;中国人民志愿军正式成立,彭德怀出任司令员兼政委
10 月 19 日	中国人民志愿军首批部队入朝
10 月 25 日	第一次战役打响
1950 年 10 月 25 日—1951 年 6 月 10 日	中国人民志愿军五次战役
1951 年	
4 月 11 日	麦克阿瑟被撤职,李奇微接任"联合国军"总司令
7 月 10 日	朝鲜停战谈判开始
8 月 22 日	停战谈判中断
8 月 19 日—10 月 22 日	美军发动"夏季攻势"和"秋季攻势"
10 月 25 日	停战谈判恢复

10 月 30 日—11 月下旬	中国人民志愿军发动局部攻势
1952 年	
9 月 18 日	停战谈判再度中断
10 月—11 月	美军发动"金化攻势";上甘岭战役
1953 年	
4 月 26 日	停战谈判恢复
5 月 13 日—7 月	中国人民志愿军发动三次战役性反击作战
7 月 27 日	朝鲜停战协议签订

重要知识点

《开罗宣言》 "三八线" "联合国军" 仁川登陆 中国参战决策 中国人民志愿军 五次战役 朝鲜停战谈判 军事分界线 战俘问题 朝鲜战争评判

思考题

1. 朝鲜战争与冷战格局的关系。
2. 中国参战决策为何艰难。
3. 如何评判战争的胜负。
4. 抗美援朝在中华民族历史进程中的意义。

延伸阅读

沈志华著:《毛泽东、斯大林与朝鲜战争》,广东人民出版社,2007 年。
沈志华著:《冷战在亚洲:朝鲜战争与中国出兵朝鲜》,九州出版社,2013 年。
柴成文、赵勇田著:《板门店谈判:朝鲜战争卷》,解放军出版社,1989 年。
华庆昭著:《从雅尔塔到板门店 美国与中、苏、英:一九四五至一九五三》,中国社会科学出版社,1992 年,第 7—12 章。
胡海波编著:《1950—1953 朝鲜战争备忘录》,黄河出版社,2009 年。
李明生著:《遏制中国:朝鲜战争与中美关系》,人民出版社,1999 年。
[美]艾奇逊著:《艾奇逊回忆录》,伍协力合译,上海译文出版社,1978 年。

〔美〕马修·邦克·李奇微著:《朝鲜战争》,军事科学出版社,1983 年。

〔美〕约翰·托兰著:《漫长的战斗:美国人眼中的朝鲜战争》,孟庆龙译,中国社会科学出版社,2008 年。

〔美〕莫里斯·艾泽曼著:《美国人眼中的朝鲜战争》,陈昱澍译,当代中国出版社,2006 年。

〔美〕斯通著:《朝鲜战争内幕》,南佐民等译,浙江人民出版社,1989 年。

〔日〕陆战史研究普及会编:《朝鲜战争》,高培等译,国防大学出版社,1990 年。

第三章　日内瓦会议和万隆会议

从新中国建立到朝鲜战争停战协议签订的近 4 年中,中华人民共和国度过了最艰难的岁月,站稳了脚跟。但是,新中国的外部环境并没有多少改善,以美国为首的西方阵营依然对新中国采取敌对和遏制的政策。1950 年 12 月,美国对新中国实行了全面禁运;1951 年 5 月,美国又策动联合国通过了对中国禁运案,在美国的拉拢和压制下,到 1953 年 3 月,参加对中国禁运的国家达 45 个;1952 年 9 月,巴黎统筹委员会①增设"中国委员会",作为执行对中国禁运的专门机构。这些措施旨在从经济上封锁中国,配合政治上的不承认,将新中国压垮。

当然,由于有苏联和其他社会主义国家的存在和支持,美国的图谋是难以奏效的,但冲破西方阵营的封锁圈,在国际舞台上发挥更大的影响力,也变得极其重要,事实上这成为朝鲜战争后中国外交最迫切的任务。1954 年的日内瓦会议和 1955 年的万隆会议,便是 20 世纪 50 年代中国执行这一任务的重要舞台。

一、日内瓦会议召开的背景

朝鲜问题

1953 年 7 月 27 日朝鲜停战协议的签订并没有彻底解决朝鲜问题,停战协议只是恢复了战前状态而已,朝鲜半岛南北对峙的局面依然如故。美国在 1953 年 10 月与韩国签订了《美韩共同防御条约》(*Mutual Defence Treaty between the United States of America and the Republic of Korea*),企图维持朝鲜半岛的分裂状态。朝鲜、中国和苏联方面则努力争取召开国际政治会议,

---

① 巴黎统筹委员会正式名称为"多边出口控制统筹委员会"(Coordinating Committee for Multilateral Export Controls,英文缩写为 CoCom),系 1949 年 11 月以美国为首的 15 个西方国家在巴黎成立的组织,专门检查和管制它们与苏联及其他社会主义国家的贸易。

以求用政治手段和平解决朝鲜问题。这是日内瓦会议召开的第一个背景。

印度支那问题

第二个背景是印度支那事态的激化。从 19 世纪下半叶开始，印度支那就逐渐沦为法国的殖民地。二次大战期间，日本侵略军占领了印度支那半岛，印度支那三国人民随即展开了抗日游击战，其中以胡志明领导的武装力量最强。二战结束后，法国在美国、英国和中国国民党军队的配合下，派遣军队在印度支那登陆，企图重新恢复其殖民统治。法国军队立即遭到了印度支那人民武装的抵抗，从此开始了长达 10 年的印度支那抗法战争。

印支人民武装在斗争中不断壮大，尤其是在新中国成立后，胡志明领导的越南人民军得到新中国的大力支持，有了一个坚强的后盾。中国人民解放军解放云南之后，1950 年 7 月，二野四兵团司令陈赓将军亲自率人员进入越南，与越共军事领导人武元甲等人会晤，并指派韦国清等解放军高级将领组成中国驻越南军事顾问团，留驻越南帮助当地人民进行抗法斗争。中国军事顾问团的主要贡献是指导越南方面改变原有的游击作战模式，组建大规模的野战兵团，向法国殖民军发起战略反攻。

自 1950 年 9 月起，越南人民军攻势顿强，法国殖民统治岌岌可危。法国军队在越南遭遇的不断加剧的困境，又引起了法国国内民众强烈的厌战情绪。当时的民意测验表明，有 90% 的法国人反对继续进行印度支那战争。解决印度支那问题被提到了日益紧迫的议事日程上。

苏联的倡议

在这种形势下，1953 年 8 月，苏联方面提议采用圆桌会议模式（即不分主宾，各与会方地位平等）在瑞士的日内瓦召开国际政治会议来商讨朝鲜问题和印度支那问题。苏联的建议一开始遭到了美国的反对，尤其是苏联建议邀请中华人民共和国、朝鲜民主主义人民共和国和越南民主共和国（1945 年 9 月由胡志明宣布成立）派代表参加会议，最为美国所不愿看到。因此，日内瓦会议的举行推延了好几个月，直到 1954 年 4 月，在印度支那局势越来越严峻之时，美国才无奈地放弃了抵制。

日内瓦会议最后于 1954 年 4 月 26 日开幕。会议分两个议程，第一个议程是朝鲜问题，从 4 月 27 日讨论至 6 月 15 日，参加会议的有中国、苏联、朝鲜、美国、韩国以及其他 14 个"联合国军"参加国的代表（南非缺席）。第二个议程是印度支那问题，从 5 月 8 日讨论至 7 月 21 日，参加方有中国、苏联、美国、英国、法国、老挝、柬埔寨、北越胡志明政权和南越保大政权共9方代表。

新中国国际地位的不可剥夺

　　无论日内瓦会议将产生怎样的结果，新中国参加这次会议，本身就是外交上的一次重大胜利。几年来，以美国为首的西方阵营千方百计地对新中国围追堵截，不让新中国在国际政坛上获得发言权，但现在，不被美国等国承认也还不是联合国成员国的新中国派代表昂首挺进日内瓦，与美苏英法这四个联合国安理会常任理事国的代表一起讨论问题。而另一个名义上的常任理事国国民党集团的代表却被排斥在外。这种情形的含义是多么微妙，它标志着朝鲜战争之后新中国国际地位的极大提高，也表明，在重要的国际问题上，中国的发言权终究无法被剥夺。

　　中国政府极其重视和珍惜这个首次登上重要国际舞台的机会，故派出了以政务院总理兼外交部长周恩来为团长的代表团，而且，有关日内瓦会议的所有事项，甚至包括代表团人员形象、着装这类细小事务，都经过了中共中央政治局的集体讨论。

图3-1　周恩来总理步入日内瓦会议会场

杜勒斯的无礼

　　正因为这是新中国的一次外交胜利，美国政府对中国代表参加日内瓦会议一事恼羞成怒。率团参会的美国国务卿杜勒斯（John Foster Dulles）是个死硬的反共反华分子，他给美国代表团成员下了一条铁令，严禁在会议期间的任何场合与共产党中国代表握手、交谈，以免给国际社会留下美国事实承认共产党中国政权的把柄。如此存心刁难的做派，并不能改变新中国壮大的既定事实，只能暴露出美国政府内心的胆怯和恐慌。

与此相反，周恩来却指示中国代表团成员无须怯场，可抓住一切机会大胆地与西方国家包括美国的代表进行公开和私下的接触，以显示出泱泱大国外交官的气度和风范。杜勒斯本想给周恩来等中国代表制造尴尬和难堪，但结果只是给自己留下蛮横无理的话柄。18 年后，美国总统尼克松（Richard M. Nixon）访问北京时，在走下飞机的舷梯上就早早伸出胳膊走向迎接他的周恩来。尼克松事后解释说他这样做就是为了弥补当年日内瓦会议上杜勒斯对周恩来的无礼。

二、日内瓦会议的进程与影响

《十六国宣言》

在谈论朝鲜问题的议程中，日内瓦会议与会各国分成明显的两派，中国、苏联和朝鲜为一派，其他各国为另一派。中、苏、朝方面提出的建议是（1）所有外国军队全部撤出朝鲜半岛；（2）组成包括南北双方代表的全朝鲜委员会，举行全朝鲜的国民议会选举以组成统一政府，由此前已经产生的朝鲜停战中立国监督委员会（由波兰、捷克、瑞典和瑞士四国各派代表组成）来监督选举。这两点建议符合朝鲜半岛人民的统一愿望，是完全合理的。

但是，美国考虑到李承晚集团不太可能在全朝鲜半岛选举中获胜[①]，而中立国委员会又不完全受美国控制，故竭力反对这个建议。美国一方提出了所谓的"十四点建议"，坚持要在联合国监督和"联合国军"占领的条件下进行所谓"自由选举"。与会双方立场差距太大，又各不相让，故会议毫无进展。到 6 月 15 日，美国策动"联合国军"参战国的 16 个国家发表了《十六国宣言》，声称继续讨论朝鲜问题"毫无裨益"，要求结束会谈。这种姿态致使日内瓦会议在朝鲜问题上无果而终，也致使朝鲜南北分裂的局面延续至今。

奠边府战役冲击波

在有关朝鲜问题的议程尚未结束之时，1954 年 5 月 7 日，越南人民军取得了奠边府战役（Battle of Dien Bien Phu）的巨大胜利，全歼德卡斯特莱（Henri de Castries）将军所率 1.6 万名法国守军。这一胜利打掉了法国的一

---

① 事实上，李承晚在韩国也很不得人心，1960 年被迫辞去总统职务。

张王牌,使法国企图从战场上为日内瓦谈判赢得有利地位的打算破产。由于事发突然,日内瓦会议在第二天就直接进入了关于印度支那问题的议程。

在印度支那问题上,中、苏和北越方面的立场是争取军事问题与政治问题的一揽子解决方案,建议在印度支那实行全面停火;一切外国军队从印支三国撤出;与会各国承认印度支那三国的主权和独立。而法国和美国则要求政治问题与军事问题分开解决,只讨论军事停火,不讨论政治问题,且军事问题也只限于讨论越南的停火问题,老挝和柬埔寨不在谈论之列。显然,法国是在美国的唆使下希望通过拖延策略来应付军事危机,伺机保住在印度支那的殖民统治;而美国也在同时酝酿一个计划,即联合英法对印度支那采取直接军事干涉,该计划最后由于英国拒绝参与而泡汤。

但是,随着法国国内民众反战情绪的高涨,法国和美国之间出现了分歧。1954 年 6 月 17 日,法国现任内阁垮台,以孟戴斯-弗朗斯(Pierre Mendès-France)为总理的社会党内阁上台执政。为跳出印支危机的泥潭,新总理孟戴斯-弗朗斯比较积极地谋求印度支那的和平,不愿再听从美国的拖延策略,这就使日内瓦会议的进程出现了良好的转机。周恩来总理抓住了这一挫败美国策略的机会,发挥其出色的外交才能,在相关各方之间展开积极的穿梭斡旋。周恩来先去广西柳州会晤了胡志明,又去莫斯科会晤了赫鲁晓夫等苏联领导人,再赴瑞士伯尔尼会晤了孟戴斯-弗朗斯,一方面协调了与越南和苏联的行动步骤,另一方面也争取到法国总理的信任,终于打破了日内瓦会议上的僵局。

《日内瓦最后宣言》

1954 年 7 月 21 日,日内瓦会议印度支那议程相关各方除美国以外共同签署了《日内瓦最后宣言》(*The Final Declarations of the Geneva Conference*),该宣言的主要内容有:(1) 军事停火,以北纬十七度线分割越南,交战双方在这条线的南北方各自集结军队;(2) 由加拿大、印度、波兰三国成立一个国际监督委员会,负责监督双方履行停战协定中各项条款;(3) 法国撤出印度支那,承认越南、老挝和柬埔寨为独立国,签字各国尊重印度支那三国的独立、统一和主权完整,不干涉三国内政;(4) 在协议生效后的两年内三国分别举行全国性的自由选举,以实现民主基础上的和平统一;(5) 印度支那三国为中立国家,三国承诺承担义务,不得与任何国家缔结军事同盟和军事协议,不得让外国军队在本国建立军事基地。

《日内瓦最后宣言》是对美国东南亚战略的一个沉重打击,因此美国拒绝在此宣言上签字，它发表单独声明，声称美国"将不使用武力或威胁使用武力去妨碍这些协议的条款"，但又称美国"将严重关切违反这些协议的侵略行为并视其为对国际和平与安全的严重威胁"。这句潜台词，为美国日后破坏日内瓦宣言、武装入侵印度支那埋下了深深的伏笔。

周恩来的外交魅力

日内瓦会议关于印度支那问题的协定，缓和了东亚、东南亚的国际形势，挫败了美国企图利用法国殖民势力继续进行越南战争、从南边威胁中华人民共和国的阴谋，使中国暂时获得了一段喘息时间，有利于新中国的国内经济建设。但日内瓦会议的意义不止于此，它最大的意义在于，作为中华人民共和国第一次参加的重要国际会议，它给中国政府提供了一个向外展示和平外交形象、扩大在国际事务中的影响力的平台。中国代表团在周恩来的率领下表现出了高度灵活的外交技艺，赢得了世界各国的好评，尤其是周总理本人展示的人格魅力，为所有与会者倾倒，不论是支持还是反对新中国的各方人士，都承认他是当今世界最杰出的外交家。

例如，1954 年 6 月 15 日，当西方各国秉承美国意旨突然抛出《十六国宣言》时，周恩来站起来从容发言称：如果本次会议关于朝鲜问题的讨论如此告终，必定会让世界人民失望，因此提议在宣言中加入这样的表述："日内瓦与会国家达成协议，它们将继续努力，以期在建立统一、独立和民主的朝鲜国家的基础上达成和平解决朝鲜问题的协议。关于恢复适当的谈判时间和地点问题，将由有关国家另行商定。"周恩来接着说，"中国代表团带着协商和和解的精神第一次参加这样的会议，如果我们今天提出的最后一个建议都被拒绝，我们将不能不表示最大的遗憾。全世界爱好和平的人民将对这一事实做出判断！"

周恩来的发言义正词严，合情合理，诚恳朴实而又充满义愤，打动了在场的大多数人。比利时代表斯巴克（Paul-Henri Spaak）急忙解释称，《十六国宣言》同周总理的建议精神其实是一致的。周恩来当即追问：既然一致，为什么不能是十九国宣言呢？斯巴克表示赞成中国代表团的建议，苏联外长莫洛托夫（Вячеслáв Михáйлович Мóлотов）立即提出无保留地支持比利时代表所附议的中国代表团建议。代替杜勒斯参会的美国代表看到这样一来，美国故意通过单方面宣言营造的尴尬结局将会落空，便立即宣称在请示政府以前不准备发表意见，不参加表决。周恩来随后尖锐地指出：美国这样的态度，"使我们大家都了解到美国代表如何阻挠日内瓦会议，并且阻止达成即使是最低限度的、最具有和解性的建议"。美国方面精心策划的行动,至此反而暴露了自身缺乏和解的诚意。

　　周恩来深知日内瓦会议是一个难得的外交舞台,故努力发挥自己的创造力,开展了大量的国际统一战线工作,团结和争取一切可以团结和争取的力量,包括亲自拜访并宴请隐居瑞士的国际知名人士、美国影星卓别林(Charles Spencer Chaplin)。周恩来温文尔雅的气质风度、亲切坦诚的待人之道,赢得了会场内外各方人士的敬重,有西方报纸说,周恩来在这次会议上消除了国外人们头脑中的"好战的"中国的形象。

　　正是由于周恩来总理的努力,一些西方国家降低了原先对新中国的敌意程度。周恩来在会议期间主动与英国、荷兰代表团进行了友好的接触,大大改善了与这两国的关系,导致在会议结束后不久中国分别与英国(1954 年 8 月)、荷兰(1954 年 11 月)建立了代办级外交关系,这是西方阵营在对待中国的立场上首次出现的公开分化。

图 3 - 2　周总理在日内瓦会议期间会见英国外交大臣
艾登(Robert A. Eden)

三、万隆会议(第一次亚非会议)

和平共处五项原则

　　新中国成立以来,中国一直把改善与亚非国家的关系,冲破帝国主义封锁圈,作为外交工作的重点,为此,中国明确提出了"和平共处五项原则"的外交口号,以促使亚非国家正确认识中国,识破西方阵营对中国外交的污蔑之词。

1954 年 4 月，中国与最主要的亚非国家——印度签订了一项《中印关于中国西藏地区和印度之间的通商和交通协定》，解决了两国之间的一些历史遗留问题，并以此发展了更为融洽的中印关系。需要指出的是，这份协定的前言中第一次写上了"和平共处五项原则"：互相尊重领土主权、互不侵犯、互不干涉内政、平等互惠、和平共处。

日内瓦会议期间，周恩来总理在休会期访问了印度（6 月 25 日至 27 日）和缅甸（6 月 28 日至 29 日），分别与印度总理尼赫鲁、缅甸总理吴奴发表了两国总理联合声明，这两份联合声明都重申了和平共处五项原则，指出它们是适用于中印、中缅之间，及中国与亚洲和世界其他国家之间的指导原则，适用于一般的国际关系。

万隆会议缘起

第二次世界大战结束后的十年间是非殖民浪潮的第一个高峰时期，一大批亚非殖民地摆脱了帝国主义的殖民统治，成为独立国家。加强相互间的团结与合作，成为这些亚非新独立国家面临的一个迫切任务。1954 年 4 月，印度尼西亚、缅甸、锡兰、印度和巴基斯坦五国总理在锡兰科伦坡召开的会议上决定筹划召开一次亚非国家会议（Asian-African Conference），在印度总理尼赫鲁和缅甸总理吴奴的坚持之下，五国总理会议决定邀请中华人民共和国参加亚非会议，会议定于 1955 年 4 月在印尼的万隆（Bandung）举行。中国受邀参加亚非会议，是继参加日内瓦会议之后新中国外交的又一次重大胜利，它给中国提供了一个宣传和平共处五项原则、发展与广大亚非国家关系的大好舞台。

"克什米尔公主号"事件

国民党集团对新中国参加亚非会议极为恐慌和仇视，想方设法进行破坏。在会议召开前夕的 4 月 11 日，国民党驻香港特务头目李益民出重金利诱香港机场清洁工周驹，将一枚定时炸弹放置在中国代表团包租的一架印度航空公司飞机"克什米尔公主号"（Kashmir Princess）上。他们本计划刺杀原定乘坐该机的中国国务院总理周恩来，但周总理因刚刚做完阑尾炎手术，受缅甸总理吴奴之邀先期前往缅甸休养几天然后再一同前往印尼，国民党特务的计划落空，但乘坐该机的 8 名中国代表团成员和 3 名外国记者却全部罹难。不仅如此，国民党特务机关还派出了至少 5 个刺杀小组潜赴万隆，伺机刺杀周恩来和其他中国代表团成员。

　　国民党集团的鬼蜮伎俩没有吓倒周恩来总理和中国代表团。此次参加万隆会议,中国派出了阵容庞大的代表团,内中除了有陈毅等外交系统人员外,还有外贸部部长叶季壮等人。显然,中国不仅希望在政治上冲破西方阵营的遏制,而且希望与亚非国家发展贸易关系,在经济上冲垮西方国家的封锁。这也正是以美国为首的敌对势力不愿看到的,故美国暗中唆使一些受它控制的与会国家,策划在会场内给中国代表团制造事端,达到既破坏亚非国家团结、又损坏中国形象的阴险目的。因此,亚非会议虽然是中国外交的一大机遇,同时也是新中国面临的一个艰难的挑战。

万隆会议上的暗流

　　1955 年 4 月 18 日至 24 日,来自 29 个亚非国家的 304 名代表齐集印尼山城万隆。与会各国代表纷纷谴责殖民主义、种族主义,呼吁加强和扩大亚非国家间的合作和团结,要求维护世界和平与缓和国际紧张局势,渴望发展民族经济和文化,消除饥馑和贫困。但是,会场内不久就出现了不和谐的声音,少数代表在发言中宣扬一些反共观点,并把矛头指向中国。有的诬蔑共产主义是一种"新形式的殖民主义";有的提出"亚非国家当前面临的问题不是反对殖民主义,而是反对共产主义"。菲律宾代表在美国授意下提出台湾问题,呼吁由联合国介入这个属于中国内政的问题;而泰国代表则无中生有地批评中国不久前建立西双版纳傣族自治州(1953 年 1 月)是企图对泰国进行渗透和颠覆。

　　会议气氛顿时紧张起来。中国代表团面临极其尴尬的处境:如果愤起争辩,对这些言辞做严正驳斥,正好落入西方势力的彀中,使中国与少数国家之间的口水仗占据会议中心,且使中国政府显得正如西方宣传的那样骄横好斗;而如果软弱应对,听任他国的蓄意挑衅,则新中国的威望和尊严将大受损害,使中国政府显得理亏心虚。

"求同存异"口号

　　在此艰难时刻,周恩来总理再次表现出了过人的智慧和高超的外交技艺。在 4 月 19 日下午各国代表翘首以待的大会发言中,周恩来首先表明:中国代表团是来求团结而不是来吵架的,是来求同而不是来立异的。他接着声称,"亚非绝大多数国家和人民自近代以来都曾经受过,并且现在仍在受着殖民主义所造成的灾难和痛苦……从解除殖民主义痛苦和灾难中找共同基础,我们就很容易互相了解和尊重、互相同情和支持,而不是互相疑虑和恐惧、互相排斥和对立"。

周总理提出这个"求同存异"的口号,突出了会议的主题,也适度地揭露了少数代表节外生枝的挑衅行为乃是背离会议宗旨的无理和无礼举动,婉转地把少数代表刁难中国的行为转化为他们与大多数与会国之间的对立。周恩来并未对菲律宾、泰国等国代表所提具体事项做直接的辩解,而是就关于不同的思想意识和社会制度问题,关于有无宗教信仰自由问题,关于所谓颠覆活动问题,泛泛地阐明了中国政府的立场和政策,并真挚地表示欢迎到会的各国代表来中国参观。这样的表述避免了直接刺激有关挑衅代表而出现使其尴尬的后果。周总理最后热忱地呼吁:"让我们亚非国家团结起来,为亚非会议的成功努力吧!"

周恩来的发言获得了会场经久不息的鼓掌,大会主席、印尼总理阿里·沙斯特罗阿米佐约(Ali Sastroamijoyo)等人赞扬这个发言是使会议走向成功的一个转折点。周总理的发言,驱散了两天来在会议上空一度凝聚起来的阴云,其提出的"求同存异"方针,也为下一阶段会议找到了一条绕开对立和争吵继续进行的道路,这是周总理为万隆会议的成功做出的最重要贡献。

万隆会议精神

在中国和大多数与会国的努力下,万隆会议一致通过了《亚非会议最后公报》,公报包括经济合作、文化合作、人权和自决、附属地人民问题,和关于促进世界和平和合作宣言等几个部分。公报还确立了日后被称为"万隆会议精神"的国际关系十项原则。

在讨论这些原则时,中国、印度、缅甸等国家提出沿用和平共处五项原则,而另一些国家则表示反对,称"和平共处"是共产党的语言。周总理再次表现出灵活的外交斗争手段,他在4月23日的会议上做了长篇发言,提出亚非国家讨论世界和平和合作问题,应该撇开不同的意识形态和国家制度,以要求和平合作为共同基础,这样我们就能够达成协议,组成保卫世界和平的强大力量。他接着说,有人称"和平共处"(co-existence)是共产党用的名词,那么可以换一个名词,可以采用联合国宪章中所用的"和平相处"(live together in peace);如果有人反对五项原则的措辞和数目,那么五项原则的写法可以修改,数目也可以增减,因为我们所寻求的是把我们的共同愿望肯定下来,让大家来遵守。

周恩来的发言再次消弭了会议的风波,最后达成的万隆会议十项原则既包含了和平共处五项原则的基本精神,又将其他一些与会国的主张含括了进来,它们是:(1)尊重基本人权,尊重联合国宪章的宗旨和原则;(2)尊重一切国家的主权和领土完整；(3)承认一切种族的平等，承认一切大小国家的平等；(4)不干预或干涉他国内政；(5)尊重每一国家按照联合国宪章单独地或集体地进行自卫的权利；(6)不使用集体防御的安排来为任何一个大国的特殊利益服务；任何国家不对其他国家施加压力；(7)不以侵略行为或侵略威胁或使用武力来侵犯任何国家的领土完整或政治独立；(8)按照联合国宪章，通过如谈判、调停、仲裁或司法解决等和平方法以及有关方面自己选择的任何其他和平方法来解决一切国际争端。(9)促进相互的利益和合作；(10)尊重正义和国际义务。

万隆会议的意义

万隆会议为与会国提供了难得的相互自由接触的机会，这种面对面的接触促进了各国的相互了解和尊重，加强了亚非国家的团结，是和平共处的生动体现。尼泊尔代表团团长说："最重要的事实是到处洋溢着亚非团结感。这种团结感是这样强烈，连那些反对公理并且跟着另外一方跑的人最后都不能不同意，因为他们不想违背潮流。"甚至连美国舆论也被迫承认，某些代表的亲美发言"没有对会议的结果产生任何影响"，"几个信仰美国哲学的亚洲朋友的声音很快就沉寂下去了"。

这次会议的成功，本身就是对以美国为首的西方阵营反共反华战略的一个有力回击。周恩来总理和他率领的中国代表团的不懈努力，为这次会议的成功做出了贡献，通过与各国代表进行广泛接触，加强了中国与亚非各国的相互了解，为后来许多国家与我国建交创造了条件。

四、周恩来的和平外交

化敌为友的气度

周恩来不仅仅满足于制止相关方的不良意图，他还利用会间休息、会后宴会等各种场合主动与那些在会上公开挑衅中国的人物坦诚交流，努力消除他们对中国的误解和敌意。巴基斯坦总理穆罕默德·阿里(Mohammed Ali)、菲律宾外长罗慕洛将军和泰国外长旺亲王等人，对周恩来这种不计前嫌、恢宏大度的姿态既惭且敬，对这位肚量如海的大国总理钦佩不已，很快改变了原先的立场。罗慕洛将军日后公开宣称"周恩来是我去的时候的敌人，回来的时候的朋友"，他在日后中菲建交（1975 年 6 月）中发挥了积极作用；旺亲王回国后也大谈对周恩来的敬仰之情，力促泰国政府与中国政府开展联络；在遭美国强行阻挠后，旺亲王又安排泰国政府高官子弟留学中国，特意请求周恩来做这几位泰国学童的监护人，以求获得中国的谅解；一度对中国充满敌意的巴基斯坦总理穆罕默德·阿里在离开万隆时公开宣称，他相信周恩来是真心实意、诚恳坦率的。

双重国籍问题

华侨双重国籍问题是旧中国遗留下的一个难题。万隆会议上有的国家代表在发言中借此攻击中国，说中国有可能利用海外华侨的双重国籍进行颠覆活动。为此周总理在会议上正式声明：中国毫无颠覆邻国政府的意图，中国政府准备与有关国家政府解决华侨的双重国籍问题。4 月 22 日，中国和印尼签订了关于双重国籍问题的条约。这不仅解决了两国之间一个久悬未决的问题，而且表明了中国的诚意，为中国同其他东南亚国家解决这一问题提供了范例。万隆会议后中国与印尼的关系急剧升温，周恩来受印尼总统苏加诺（Bung Sukarno）之邀对印尼进行了正式的国事访问，并与印尼总理沙斯特罗阿米佐约发表了类似中印、中缅总理联合声明的文件。

图 3-3　周恩来在万隆会议上

台湾问题声明

在万隆会议期间，4 月 23 日，中国、缅甸、锡兰、印度、印尼、巴基斯坦、菲律宾、泰国的代表团团长对和缓远东紧张局势问题，特别是和缓台湾地区紧张局势问题进行了会谈。周总理在 8 国代表团团长会议上发表声明："中国人民同美国人民是友好的。中国人民不要同美国打仗。中国政府愿意同美国政府坐下来谈判，讨论和缓远东紧张局势问题，特别是和缓台湾地区的紧张局势问题。"周总理这一简短的声明，立刻震动了万隆，传遍了世界，粉碎了美国想利用其一手造成的台湾地区紧张局势来影响亚非会议的阴谋，向全世界表达了中国人民的和平诚意，并导致了此后不久的中美大使级会谈（1955 年 8 月开始）。

附　录

本章大事年表

1950 年 12 月	美国对新中国实行全面禁运
1951 年 5 月	美国策动联合国通过对中国禁运案
1952 年 9 月	巴黎统筹委员会对中国实施禁运
1953 年 10 月	《美韩共同防御条约》签订
1954 年	
4 月 26 日	日内瓦会议召开
4 月 27 日	
—6 月 15 日	日内瓦会议朝鲜问题议程
5 月 7 日	奠边府战役结束
5 月 8 日	
—7 月 21 日	日内瓦会议印度支那问题议程
6 月 24 日—27 日	周恩来访问印度，与尼赫鲁共同发表《中印总理联合声明》
6 月 28 日—29 日	周恩来访问缅甸，与吴努共同发表《中缅总理联合声明》
7 月 21 日	《日内瓦最后宣言》签署
8 月	中英建立代办级外交关系
11 月	中荷建立代办级外交关系
1955 年	
4 月 11 日	"克什米尔公主号"空难事件
4 月 18 日—24 日	万隆会议（第一次亚非会议）
4 月 25 日—26 日	周恩来访问印尼，与印尼总理共同发表《中印尼总理联合声明》

重要知识点

对华禁运　　日内瓦会议　　奠边府战役　　《日内瓦最后宣言》

和平共处五项原则 万隆会议(第一次亚非会议) "克什米尔公主"号事件
求同存异 万隆会议精神

思考题

1. 日内瓦会议的意义。
2. "和平共处五项原则"的合理性和合法性。
3. 万隆会议的历史意义。

延伸阅读

陶文钊主编：《中美关系史(1949—1972)》，上海人民出版社，1999年，第3章。

钱江著：《周恩来与日内瓦会议》，中共党史出版社，2005年。

裴默农著：《周恩来与新中国外交》，中共中央党校出版社，2002年，第1—10章。

[加]罗纳德·C.基思著：《周恩来的外交生涯》，封长虹译，中共中央党校出版社，1992年，第1—4章。

徐京利著：《解密中国外交档案》，中国档案出版社，2005年。

钱江著：《在神秘的战争中——中国军事顾问团赴越南征战记》，河南人民出版社，1992年。

[美]鲍大可著：《周恩来在万隆：美记者鲍大可记亚非会议》，弓乃文译，中国社会科学出版社，1985年。

李慎之、张彦著：《亚非会议日记，日内瓦会议通讯》，中国新闻出版社，1986年。

文星星著：《亚非会议纪实》，上海外语教育出版社，1993年。

黄华著：《亲历与见闻——黄华回忆录》，世界知识出版社，2007年，第5、6章。

申健著：《亚非会议》，载于外交部外交史编辑室编：《新中国外交四十年》，沈阳出版社，1989年。

第四章　中美对峙与台湾问题

　　自中华人民共和国建立初期,美国就确立了反对新中国的政策并在此后逐渐使该政策清晰化。美国敌视新中国的立场并没有因朝鲜战争中的失败而改变,反而更加坚定。20世纪50年代美国的对华遏制政策表现在政治、经济、军事和国际机制等各个层面上。针对美国咄咄逼人的敌对措施,中国领导人进行了毫不畏惧的抵抗,特别是在台海危机的对抗中挫败了美国的武力威胁和"停火"阴谋。

一、美国遏制中国的措施

艾森豪威尔主义

　　20世纪50年代美国政府的冷战战略可以概括为"艾森豪威尔主义",即所谓的"多米诺骨牌理论"(Domino Effect Theory)。1953年上台执政的美国总统艾森豪威尔及其国务卿杜勒斯都是极其强硬的反共分子,他们的反共反华立场,比杜鲁门政府有过之而无不及。他们声称共产主义的扩张像一排倒下的多米诺骨牌一样,会产生连锁效应,在东南亚地区尤其如此。艾森豪威尔在1954年4月7日的一次记者招待会上公开说,"在东南亚,如果有一个国家落在共产党手中,这个地区的其他国家就会像多米诺骨牌一样,一个接一个地倒下去";而苏联支持下的共产党中国将是这种连锁效应的动力源;因此必须对新中国实施强硬的遏制,在中国周围构筑一道反共壁垒,防止共产党中国的"向外扩张"。

　　基于这样的政策指导,美国"孜孜不倦"地在东亚采取了一系列的反华措施。早在1951年9月,美国在强行促成《旧金山对日和约》的同时就签订了《美日安全保障条约》,力图将日本打造成一个坚实的反共反华堡垒。1953年10月,美国又与韩国当局签订了性质和内容相似的《美韩共同防御条约》,并在1954年的日内瓦会议上竭力阻挠和平解决朝鲜问题的协议,意图将韩国打

图 4-1　美国总统艾森豪威尔(左)与国务卿杜勒斯(右)

造成另一个反华基地。在日内瓦会议之后，美国迅速行动起来，抓住法国殖民军队撤出印度支那的时机乘虚而入，扶植一位由美国天主教会学校培养的亲美人物吴庭艳(Ngô Dinh Diêm)，向他提供了大量金钱、武器和军事顾问，帮助吴庭艳回越南逐渐取代法国殖民者的傀儡保大皇帝，控制了北纬十七度线以南的越南领土，最后于 1955 年 10 月炮制出以吴庭艳为总统的"越南共和国"，美国随后公开宣称它将保卫南越的"独立和自由"，把南越建成了又一个反共基地。

在日内瓦会议后的 1954 年 9 月，美国又策动英国、法国、澳大利亚、新西兰、泰国、菲律宾和巴基斯坦等国在菲律宾首都马尼拉签订《东南亚集体防御条约》，成立了东南亚条约组织(Southeast Asia Treaty Organization, SEATO)。该组织可被称为是北大西洋公约组织(NATO)的亚洲版，其针对目标主要是中华人民共和国和北越胡志明政权。条约声称成员国将采取"自助和互助的方法抵御武装进攻"，而在该条约后所附的一份"谅解书"中美国则将条约中所称之"武装进攻"明确定义为"只适用于共产党政权的侵略"。此外，条约还自作主张地将柬埔寨、老挝和南越划为该条约组织的"保护地区"。正是依据这个条约，美国日后指使一些条约组织成员国派兵加入了越南战争。

"美台共同防御条约"

美国更直接遏制新中国的另一个措施是大力支持台湾蒋介石政权。早在

1950 年 6 月朝鲜战争爆发后不久,杜鲁门政府就以防止战争扩大为名派美国太平洋舰队(第七舰队)入侵台湾海峡,阻止中国人民解放军正在紧锣密鼓准备的解放台湾的行动。中国政府严厉谴责这一赤裸裸的侵略行径,并在苏联方面的支持下于 1950 年 11 月派遣以伍修权为首的中国代表团赴联合国安理会谴责美国入侵中国的行径。

为了掩盖自己的侵略行径,美国于 1954 年 12 月与国民党集团签订了共同防御条约,内容与美日、美韩条约类似。"美台共同防御条约"规定:美国对台湾当局进行军事援助,帮助其发展武装力量,"以抵抗武装攻击及由国外指挥而危害其领土完整与政治安定的共产党颠覆活动";台湾当局向美国提供向台湾、澎湖及附近部署陆、海、空军的权利。条约宣布双方将采取行动"对付共同危险";条约的适用范围经双方协议还可以扩大到台湾以外的"其他领土"。"美台共同防御条约"企图使美国干涉台湾海峡的侵略行径合法化,一直延续到 1978 年年底才被废除。

"两个中国"阴谋

通过以上这些措施,美国在 20 世纪 50 年代上半期构筑了一条自认为坚固的反华防线。这条弧形防线北起日本,南经韩国、台湾地区、菲律宾、东南亚,最后延伸到巴基斯坦。除此之外,美国还暗中酝酿将台湾从中国割裂出去的邪恶计划。早在 1953 年 11 月,美国国务卿杜勒斯在一次记者招待会上称:有可能由共产党中国参加联合国大会,而由国民党中国参加安全理事会。西方阵营各国及其主流媒体心领神会,加紧策划"两个中国"的阴谋。

在 1955 年到 1957 年间,"两个中国"的主张在国际活动中大肆盛行,出现了各式各样的"两个中国"方案,主要的有以下几种:

(1)"台湾独立论",直接公开叫嚷,主张新中国和台湾都参加联合国组织,并让北京政府来保证台湾的安全。

(2)"联合国托管论",鼓吹台湾地位未定,主张由联合国对台湾托管一段时间,以后由当地公民投票表决来决定其地位。

(3)"一个半中国论",这是一个颇有欺骗性的方案,它主张承认中华人民共和国政府对台湾拥有所谓"宗主权",在这个名义下,台湾成为拥有独立外交权的"自治领",类似于英联邦国家与英国之间的关系;而在联合国中,大陆中国和台湾都拥有席位。

(4)"两个继承国"方案,鼓吹把新中国和台湾政权看作 1945 年联合国成立时创始国中国的两个继承国,因此都拥有对联合国席位的继承权,台湾当局将占据安理会席位,而新中国则占据联合国大会的席位。

种种方案,无论多么花言巧语,其实质都一样,即试图否认中华人民共和国对台湾地区的主权,进而否认台湾是中国不可分割的一部分的事实。这些方案也都是自作多情式的越俎代庖,新中国政府当然不会受它们的诱骗。

二、第一次台海危机

一江山岛战役

朝鲜战争结束后,中国政府开始准备解放国民党军队盘踞的沿海岛屿。面对美国第七舰队介入台湾海峡的局势,中国人民解放军不畏强暴,自 1954 年 9 月起在台湾海峡展开了几次炮击行动。1954 年 12 月"美台共同防御条约"签订后,周恩来总理多次代表中国政府严正谴责美国的侵略行径,郑重声明:台湾是中国的领土,解放台湾是中国的主权和内政,决不容许他国干涉;任何战争威胁都不能动摇中国人民解放台湾的决心;如果美国政府不从台湾、澎湖和台湾海峡撤走它的一切武装力量,仍然坚持干涉中国内政,美国政府必须承担由此产生的一切严重后果。

为反击美蒋勾结的嚣张气焰,中国政府决定解放浙江沿海的大陈岛。大陈岛位于浙江黄岩县(今台州市)以东洋面几十公里处,是一个由上下大陈岛和 20 多个小岛组成的岛群,陆地总面积约 17 平方公里,为国民党军溃败大陆后依然控制的三个沿海岛群中最北的一个(另两个是马祖和金门)。1955 年 1 月 19 日,张爱萍将军指挥解放军浙东前线部队发起渡海登陆作战,开战三个小时后一举攻占大陈岛最重要的外围据点一江山岛,全歼岛上国民党守军 1 100 余人,随后自一江山岛炮击上下大陈岛,伺机收复这两个主岛。一江山岛战役虽然规模不大,但此次解放军出动了陆海空三军部队,战斗组织和协同动作复杂,是我军第一次成功的三军联合作战,标志着中国人民解放军初具现代化合成军立体登陆作战的能力,令美蒋集团颇为震惊。

蒋军撤离大陈岛

美国统治集团内部在台湾问题上存在一些意见分歧。一些军方鹰派人士如参谋长联席会议主席阿瑟·雷德福(Arthur W. Radford)等主张坚决进行军事干预,用大规模报复性打击力量进一步威慑,加强国民党集团的局部防御,甚至提出美军与国民党军队一起对大陆进行空袭,在必要时动用核武器。艾森豪威尔总统等人则认为:美国的政策目标是控制台湾,不让其落入共产党手中;但如果美国所"保卫"的台湾地区扩大到大陆沿海岛屿,势必会大大增加与中共发生军事冲突的风险,这将意味着战争,需要得到国会的批准。朝鲜战争后美国不敢再轻视中国,故艾森豪威尔称"我们现在不是讨论一场有限的丛林战,而是在讨论跨进第三次世界大战的门槛"。

一江山岛战役使美国政府面临某种进退维谷的境地。美国国务卿杜勒斯一方面宣称:中国共产党人正在进行试探,除非美国制止他们,否则会促使中国采取进一步的行动,使美国在远东面临灾难,并将对美国在远东的盟国如韩国、日本和菲律宾产生"严重的心理影响"。但在另一方面,他又担心,如果美国军队贸然介入中国大陆沿海岛屿的战事,将发现自己处在没有盟国支持的情况下与红色中国作战,除了蒋介石和李承晚外,"全世界都会谴责我们",美国国内舆论也将产生严重分歧,那样的话,美国所付出的代价实在太大了。

经过慎重讨论,美国政府决定劝说蒋介石集团将守军撤离大陈岛。为安抚蒋介石,美国提出将出动第七舰队为国民党军提供海、空掩护,并将继续协助国民党防守台湾、澎湖列岛甚至金门。蒋介石对美国的撤军提议虽愤怒之极却又无可奈何,只得听从。为掩饰大陈岛事件中美国的退缩,美国主流媒体大肆宣扬第七舰队掩护下的国民党军之撤离是如何井井有条,堪比二战中的"敦刻尔克大撤退"云云。但实际上,国民党撤离之所以顺利,乃是由于毛泽东出于政治考虑故意放行,下令解放军自1955年2月初起蒋军撤离期间停止一切攻击和炮击行动。解放军在国民党军全部撤离后才从容进军收复了大陈岛群各岛屿。

大陈岛事件余波

美国政府在台湾问题上的立场始终游移不定。在劝说国民党从大陈岛撤军的同时,它又担心中国人民解放军继续进占马祖和金门,于是摆出一副强硬对抗的姿态。1955年1月29日,美国国会参众两院通过所谓"台湾决议案",授权美国总统"在他认为对确保和保护台湾和澎湖列岛不受武装进攻的具体目标是必要的之后,使用美国武装部队"。

与此同时,美国又策动新西兰向联合国安理会提交要求讨论和干涉中国沿海地区"敌对行动问题"的提案。安理会决定在讨论新西兰提案时邀请中国派代表参加,但遭中国政府拒绝。2月3日,周恩来复电联合国秘书长哈马舍尔德(Dag H. A. C. Hammarskjöld)并转告安理会主席:中国坚决反对干涉中国内政、掩盖美国侵略中国的新西兰建议。中国的坚决反对使安理会不得不无限期搁置对新西兰提案的讨论。

在其停火阴谋失败后美国竟祭起核威慑的法宝，在一次记者招待会上，当有记者提问："在亚洲的一次全面战争中，美国会不会使用战术原子武器?"艾森豪威尔总统回答称："在对付一个严格的军事目标上，会的。"

但是，在中国的盟友苏联同时拥有核武器的情况下，美国的核恐吓并不能让中国屈服，《人民日报》从1955年2月中旬起开辟了《坚决反对使用原子武器》专栏，专栏文章指出：虽然美国在东方和西方加紧准备原子战争，但"在全世界人民正在轰轰烈烈地进行反对使用原子武器的运动的时候，谁先使用原子武器，谁就不能逃脱战争罪犯的命运，落得可耻的下场"。这些文章还说，就原子武器而论，美国已经落后于苏联，"最怕原子武器的，并不是中国和苏联，而是工业集中的美国"。

中国的缓和姿态

然而，中共中央也逐渐意识到，解放大陈岛的行动虽然打击了美蒋的气焰，却也使整个局势更加复杂化。中国的周边国家对此反应不一，除少数国家外，大多数国家对中国的行动持担心和怀疑态度，甚至还有一些国家采取完全敌视中国的政策。如果此时在台湾海峡爆发全面战争，对中国争取和平环境以及进行国内的经济建设显然都是非常不利的。

中国领导人也意识到，与美蒋的斗争将是一场长期持久的对抗，不可能一下子解决。因此，从1955年3月起，中国政府改变了方针，暂时搁置原定攻占马祖的作战行动，并逐步停止了对国民党控制的沿海岛屿的炮击，在宣传上也淡化了抨击美国的调子。毛泽东将其"敌进我退，敌驻我扰，敌疲我打，敌退我追"的游击战方针运用到了对美国的外交斗争中。至1955年4月23日，周恩来总理在万隆会议上公开宣称，中国政府愿意与美国坐下来进行谈判，第一次台海危机走向终结。

三、中美大使级会谈

中美大使级会谈的缘起

周恩来总理在万隆会议期间的声明令各方都松了口气。美国方面，此前的核讹诈政策无法奏效,反而令其欧洲盟国大为惊慌,要求美国明确承诺不首先使用核武器,故美国政府也只得压低姿态,公开宣布美国不支持蒋介石集团反攻大陆的政策。另外,中美之间除了在台湾问题上存在不可调和的矛盾外,还存在一些一般关系上的争端,特别是有关双方侨民归国的问题,故而,中美之间进行直接对话的时机逐渐成熟。在印度和英国等国的积极斡旋之下,1955 年 7 月 13 日,中美达成了各派一名大使级代表进行会谈的共识。

1955 年 8 月 1 日,中美大使级会谈在日内瓦举行。中方代表是驻波兰大使王炳南,美方代表是驻捷克斯洛伐克大使尤·约翰逊(U. Alexis Johnson)。会谈有两项议程,一是双方平民回国问题,二是双方有所争执的其他实际问题。在第一项议程上,经过 40 天 14 次会谈,9 月 10 日,中美双方终于达成遣返平民的协议,发表了《中华人民共和国和美利坚合众国两国大使关于双方平民回国问题协议的声明》。《声明》指出,双方承认在对方境内的本国公民享有返回本国的权利,故宣布已经采取并且将继续采取适当措施,使他们能够尽速行使其返回的权利。正是由于这一协议,不少滞留美国的中国留学生,如著名物理学家钱学森等得以回国报效祖国。

中美会谈停滞的症结

但是,中美大使级会谈在进入第二个议程后立即陷入了僵局。中方代表提出美国取消对华禁运并准备两国外长级会谈的议题,以此寻求缓和台湾地区紧张局势,促进两国来往,改善相互关系。这显然不符合美国全面遏制新中国的政策目标。美方代表提出应首先签署一个中美双方不使用武力、以和平协商手段解决两国间争端的声明,提议中美代表各自宣布,在一般问题上,特别是在台湾问题上,除了单独和集体的防御外,中美放弃使用武力。

中方代表予以坚决拒绝,声明中国用和平或武力方式解放台湾的问题是中国内政,不能成为中美会谈的议题;美方试图将国际纠纷与中国内政混为一谈是无理要求。中方进而提出中美可以举行外长级谈判来协商解决台湾问题的反建议,试图以此使美国改变其不承认中华人民共和国政府的基本立场,这也遭美方代表拒绝。

中美会谈陷入僵局,至 1957 年 12 月 12 日的第 73 次会谈中,美方代表约翰逊大使奉命宣布其将调任驻泰国大使,因此"他指定他的副手马丁参赞接替他的工作"。王炳南大使当即指出"中美进行的是大使级会谈,而马丁先生只是一位参赞,不能代表大使"。中美大使级会谈因美国企图降格而中断。

1958 年 9 月,在第二次台海危机最激烈的时刻,美国看到其战争威胁政策不能奏效，遂表示同意恢复中美大使级会谈。9 月 15 日，在金门炮击战的隆隆炮声中，中美大使级会谈在波兰首都华沙复会。中方代表依然是王炳南，美方改派其驻波兰大使雅格布•比姆（Jacob D. Beam）担任代表。

中美大使级会谈随后断断续续进行到 1970 年 2 月 20 日。从 1955 年算起总共进行了 16 年，会谈次数达 136 次。1964 年后中方代表相继由中国驻波兰大使王国权和临时代办雷阳继任。美方从 1961 年后也改由其驻波兰大使卡波特（John M. Cabot）、格隆诺斯基（John A. Gronouski）、斯托塞尔（Walter J. Stoessel, Jr.）等人担任。这场马拉松式的谈判没有产生任何实质性的成果，因此被人称为是"聋子之间的对话"。谈判之所以无所实效，是因为中美之间的症结解不开，双方均缺乏诚意。美方试图诱使中国签署互不动武和保证台湾安全协议，而中方想使美国将谈判级别提高到外长级；双方又都警惕且怕上对方的当，故始终是鸡同鸭讲。

中美大使级会谈的意义

中美大使级会谈虽无成效，但并不是毫无意义。在中美两国之间长期没有任何其他外交渠道的情况下，大使级会谈是两国对话的唯一途径，在某种意义上，它也充当了中美关系晴雨表的角色：每当两国关系紧张时，大使级会谈便会中断；而每当双方试图缓和关系时，会谈则又被重启。1969 年年初尼克松总统上台后试图打开中国大门，也正是通过恢复中美大使级会谈来传递其政策信息的。此外，周恩来总理时常指示中方谈判代表有意识地利用大使级会谈来摸清美方的政策动向，颇有成效。

例如，1958 年 9 月大使级会谈在华沙复会后不久，美国代表表示美国政府不同意中国此前刚刚宣布的 12 海里领海宽度标准，但又不经意地透露出美国并不会进入中国沿海 12 海里范围之内。这个信息为中共中央制定第二次台海危机战略提供了决策依据。又如，1962 年夏，国民党集团利用中国大陆内外交困之际大肆叫嚣"反攻大陆"，使福建前线军情吃紧，并影响中国对印度自卫反击的决策；周总理指示王炳南利用中美大使级会谈的机会摸清美国政府支持蒋介石集团的态度和程度。王炳南采取严正抗议的火力侦察手段，从美国代表卡波特口中探知了美国政府根本没有支持国民党军事行动之意愿的真实状况。

中国方面耐心维持中美大使级会谈，坚持主权，不急不躁，灵活应对，实为新中国外交的经典之作，以致台湾国民党当局的高级人物陈诚将军也赞誉中国代表王炳南在中美会谈中"不受奸诈，不图近利，是泱泱大国风度"。

四、第二次台海危机

台海局势的激化

1957年5月,美国国务卿杜勒斯再次重申对华政策三原则:不承认共产党中国;继续承认台湾当局;反对共产党中国加入联合国。1957年11月,美国第七舰队与国民党军在台湾南部海域举行大规模联合军事演习。1957年12月,美国方面又蓄意中断了中美大使级会谈,台海局势再度紧张起来。1958年5月,美国将它此前派驻台湾的"军事顾问团"、"美台协防司令部"等十几个机构合并为一个统一的"美军驻台协防军援司令部",旨在强化对蒋介石集团的军事支持。有美国撑腰,蒋介石集团"反攻大陆"的叫嚣又一次高涨起来。

1958年6月30日,中国政府向美国发出声明,要求美国限期15天派出代表恢复大使级会谈,并声称,中国争取与美国和平地协商谈判,但也不是非谈不可。美国方面对此声明不予回应。随着台海局势日趋紧张,台湾当局于8月7日宣布进入"特别警戒状态",美国政府也于8月8日宣布美国海军密切注视台湾地区的紧张局势,随时准备进行干预,由此便开始了1958年的第二次台海危机。

第二次台海危机根据事态发展可分为两个阶段,第一阶段自1958年8月7日至9月15日,期间中国挫败了美国的战争威胁政策;第二阶段自1958年9月15日至1959年1月,期间中国政府揭穿了美国的"停火"阴谋。

炮击金门

从1958年8月8日起,在朝鲜战争中迅速崛起的中国空军进入台湾海峡上空,在半个月的空战中大显神威,击落、击伤9架敌机,基本获得了金门、马祖诸岛的制空权,迫使美国紧急运输响尾蛇导弹支援台湾空军应付危局。1958年8月23日下午5点半,中国人民解放军福建前线部队经过充分的准备,对国民党军盘踞的大小金门岛实施了猛烈的炮击,一个半小时内500多门各色火炮陆续发射2万多发炮弹。国民党守军死伤累累,吉星文、赵家骧、章杰等3名将级军官当场殒命。

金门岛群位于福建厦门海面以东仅几海里处,几乎蠚在解放军眼皮底下,是国民党军队屏障台湾本岛的前哨阵地，也是其计划窜犯大陆的便利跳板。国民党军占据金门，将厦门港变成了一个死港。早在 1949 年 10 月，解放军第 9、第 10 兵团曾组织解放金门的战役，但不幸失利，损失约 9 000 人，这给了蒋介石长期固守金门的信心。嗣后国民党军队苦心经营，在金门岛上驻扎了 6 个师、约 8.5 万人的重兵，接近全部国民党残余军队的三分之一。

"8·23"炮击，被蒋介石看作解放军进攻金门甚至进攻台湾本岛的前奏，他连忙乞求于美国。美国国防部于第二天发表声明支持国民党当局，并命包含 4 艘航空母舰在内的第七舰队主力赶赴台湾海峡，命第六舰队的另一艘航母从地中海赶赴东亚，采取所谓的"预防性措施"。9 月 4 日，杜勒斯发表声明，称《美台共同防御条约》的适用范围扩大到金门和马祖，并称美国海军将为国民党军队提供护航。美国在台海地区周围部署的兵力很快达到了 5 艘航母、130 余艘其他船只、200 多架战机，是为朝鲜战争结束以来美国海空军规模最大的一次集结行动。美国政府指望以强大的海空军兵力布防震慑住中国，阻止解放军的进一步行动。

针对美国的战争威胁，中国政府没有表现出丝毫的退缩。9 月 4 日，中国政府宣布中国的领海宽度为 12 海里，一切外国飞机和军用船舶，未经中国政府许可，不得进入中国领海及其上空。这意味着如果美国海军护航船队进入金门岛，即为入侵中国的领海，解放军可以名正言顺地对其实施攻击。美国方面侥幸地以为这不过是中国政府的虚张声势而已，竟不予理睬，继续命美国海军为国民党运输船队护航。9 月 8 日，一支美台联合船队驶抵金门岛附近，在请示毛泽东主席后，解放军前线部队依照"只打蒋舰，不打美舰"的原则实施轰击。美国军舰指挥官此前从未接到过还击的命令，不知所措，连忙丢下国民党舰只逃往公海。这次炮击试探出了美国并未下决心参与金门战事的实情。

美国的应对策略

美国的战争威胁政策不仅无法压制住中国，还遭到了世界舆论的普遍反对。苏联领导人赫鲁晓夫虽然对毛泽东事先未向他通报炮击金门计划颇为不满，但还是发动了莫斯科百万民众大游行声援中国；其他一些社会主义国家和亚非友好国家也都发表声明，支持中国的正义行动。而在西方阵营内部，除了韩国和日本这两个与台湾当局同病相怜的政权外，其他各国都不愿表示对美国在台海地区的干涉行动的支持，英国、法国、加拿大、澳大利亚及东南亚条约组织的其他成员发表声明，宣称根据相关条约，本国在台湾海峡地区没有任何法律义务，如果在台海爆发战争，自己不承担与美国协同作战的义务。

正是在这种尴尬的形势面前,美国被迫表示愿意恢复中美大使级会谈。故而,从 1958 年 9 月 15 日起,第二次台海危机便进入了第二个阶段。面对中国政府的强硬姿态,美国政府发现,自己如果不改变策略,将会出现最不愿看到的结局:在得不到盟国支持的情况下在台海地区陷入一场与中国的局部战争。因此,美国政府又退回到第一次台海危机时的策略:一方面与中国谈判代表玩弄"停火"游戏,另一方面劝说蒋介石集团再度从金门、马祖等沿海岛屿撤出守军,从而使自己得以从危险境地脱身。

美国的计谋无法得逞。就任不久的中国外长陈毅元帅于 9 月 20 日发表声明,颇带嘲弄地驳斥美国的"停火"建议文不对题,称中国在金门、马祖并未同美国打仗,根本谈不上"停火";至于中国人民与蒋介石集团之间的斗争,从 1946 年就已开始,并没有给国际上造成紧张局势;中国惩罚金门、马祖的蒋介石军队,属于中国内政,外人不能干涉。

美蒋矛盾的根源

台湾方面也不理会美国的策略。针对美国方面的撤军建议,蒋介石在 9 月 29 日公开宣称台湾将固守金马,即使盟国态度有变台湾也将独力作战。对此,杜勒斯在 9 月 30 日发表声明称:虽然他也不赞成在炮火下撤军,但"如果获得可靠的停火,我们的判断(甚至是军事上的判断)就是,仍然在金门、马祖保持庞大的军队是不明智的而欠谨慎的"。杜勒斯在声明中使用的"不明智"和"欠谨慎"原文是"stupid"和"foolish",这两个贬义色彩极为强烈的词完全超出了外交礼仪,将美蒋之间的矛盾公开暴露了出来。

尽管美国和国民党集团在反共问题上站在一起,但相互间存在着一些由来已久的不信任。美国希望控制台湾,将台湾和澎湖列岛打造成类似于日本、韩国那样的遏制新中国的防守性反共基地,但又不愿意立即陷入与共产党中国的直接冲突,以免在东亚投入太多精力而影响其与苏联对抗的全球战略。因此,对美国来说沿海岛屿并无多大战略意义,相反是些无谓牵扯美国精力的累赘,故力图劝说蒋介石毅然弃守。

而国民党集团在败退台湾后就将其政治生命与"反攻大陆"紧密联系在一起,把"三民主义统一中国"的口号当作继续维持其正当、合法统治的招牌。坚守金门、马祖诸岛,意味着台湾当局仍统辖着大陆福建省的部分土地,成为国民党政府仍然对大陆享有统治权的一个象征;而如果退出金马,不仅会动摇国民党政权在国际社会中"代表"中国的法统地位,而且还将有利于美国等西方国家推行"两个中国"的方针。

蒋介石还有一个现实的政治考虑：如果国民党真的撤离金马退守台澎，将孤悬海外而与大陆彻底隔绝，那样的话，台湾便完全落入美国的控制之下；到那个时候，美国不免会策划更直接控制台湾的阴谋，当时国际上盛行的"台湾地位未定"等言论，或许会成为现实。独立意识颇强的蒋介石深知，自抗日战争期间与美国结盟以来，美国历任总统无论是罗斯福、杜鲁门还是现今的艾森豪威尔，从来都不是真心支持自己，如果有机会，美国当然希望扶植一个更加听话的人物出来执掌国民党大权。因此，蒋介石败退台湾后对国民党中的异己力量尤其是亲美派人士防范严密，时刻担心美国会采用政变手段将自己一脚踢开。通过 1955 年 5—6 月间台湾发生的内情诡秘的"孙立人事件"，蒋介石得以借机除掉声望卓著且深受美国赞赏的孙立人将军①，这已暴露出蒋介石对美国政府的深刻猜忌。

《告台湾同胞书》

中共中央敏锐地洞察到美蒋之间的矛盾，遂改变斗争策略。中共高层原本设想通过炮击金门来逼迫国民党军像撤离大陈岛那样自动撤离金门和马祖，从而肃清国民党窜犯大陆的沿海据点。但当美蒋在是否撤军问题上爆发新一轮矛盾之后，毛泽东果断决定放弃收复金马的战略目标，转而利用金马来扩大美蒋矛盾。10 月 6 日，毛泽东亲自撰写的《告台湾同胞书》，以国防部长彭德怀的名义发表，公告以民族大义为出发点，提出了和平统一的主张，宣称：我们都是中国人，三十六计，和为上计；建议举行谈判，实行和平解决；澎、金、马是中国的一部分，不是另一个国家；世界上只有一个中国，没有两个中国；归根结底，美帝国主义是我们的共同敌人。公告还宣布自即日起暂停炮击 7 天，以便于国民党金门守军获取给养。10 月 13 日，中国方面又宣布再停止炮击两星期。

美蒋矛盾升级

大陆方面停止炮击，的确促使了美蒋矛盾扩大，蒋介石集团坚定了继续守卫金马的决心，而美国政府为迫使台湾撤离或至少撤出部分守军，于 10 月 8 日宣布美军停止护航。由于同时正在进行的中美大使级会谈有谈判内容不得向第三方透露的约定，国民党满腹狐疑，担心美国正谋求以他们的命运为筹码

---

① 孙立人系美国弗吉尼亚军校毕业生，二战期间曾因在缅甸援救七千英军，获罗斯福总统和英王乔治六世颁发的勋章。

换取中共在台湾问题上做出让步。台湾"外交部长"黄少谷甚至在公开场合指责"国际政客们"在台湾问题上做交易,并称华沙会谈中任何涉及国民党金马沿海岛屿中立化或非军事化的决定,均将被视为有损国民党合法权益,除绝不同意外,亦不准备有任何退让。

为修复美台之间的裂痕,杜勒斯于 10 月 21 日亲自出访台湾,试图进一步劝说蒋介石从金马撤军,或至少承诺不再叫嚣"反攻大陆"以免刺激大陆。蒋介石拒绝撤军建议,但勉强答应不再随意挑衅大陆,美台发表的联合声明称,"鉴于美台现正履行的条约属于防御性质",台湾认为达成"恢复大陆人民之自由"使命的主要途径为实行孙中山的三民主义,"而非凭借武力"云云。国民党方面对被迫向美国做出承诺心有不甘,随后派员向美国方面交涉,指出联合声明的英文版用"not the use of force"来表达"非凭借武力"不确切,会被误读成"不使用武力";而且英文声明中使用了大写的"Free China"而非小写的"free China"也极为不妥,它成为一个"自由中国"的专有名词,会给世人造成"两个中国"的印象。

《再告台湾同胞书》

大陆方面,解放军在 10 月 21 日杜勒斯抵台和 10 月 23 日离台的两天恢复了对金门的炮击,以表达对美国干涉中国内部事务的愤慨。10 月 25 日,毛泽东又亲自撰写了《再告台湾同胞书》,以彭德怀的名义发表。公告指出"中国人的事只能由我们中国人自己解决。一时难以解决,可以从长商议。美国的政治掮客杜勒斯……命令中国人做这样,做那样,损害中国人的利益,适合美国人的利益。就是说,第一步,孤立台湾;第二步,托管台湾。如不遂意,最毒辣的手段,都可以拿出来"。公告宣布以后解放军逢双日不打金门的机场码头,使金门军民获得充分供应,"以利你们长期固守。如有不足,只要你们开口,我们可以供应。化敌为友,此其时矣";"你们有些人怀疑我们要瓦解你们军民之间官兵之间的团结。同胞们,不,我们希望你们加强团结,以便一致对外……我们并不劝你们马上同美国人决裂,这样想,是不现实的。我们只是希望你们不要屈服于美国人的压力,随人俯仰,丧失主权,最后走到存身无地,被人丢到大海里去"。这篇文告言辞恳切,鞭辟入里,将美国对台湾的野心直接揭露出来,说中了蒋介石内心深深的忧虑,事实上也有给蒋介石鼓气的意味。

一个星期之后,解放军再次宣布逢双日不开炮。此后解放军和国民党金门守军单日相互打炮,已经是一种象征性的交火。双方单日炮击用的虽是实弹,但几乎都是有意识打在对方空旷无人地带、滩头或者无工事的山头,尽量不打死人。不久,美国宣布将此前派来的海空军大部撤走,第二次台海危机趋于平静。

1959年1月7日,金门前线完全停止了炮击。但在1960年6月,美国总统艾森豪威尔访问台湾,中国人民解放军奉命于6月17日美国总统抵达台湾和6月19日离开台湾的两天进行了炮击,取名曰"迎瘟神"和"送瘟神"。此后陆台军队间恢复了单日炮击的象征仪式,但所发射的基本都是没有杀伤力的宣传弹。这种炮击仪式一直持续到1978年年底。

金门炮击战的历史意义

1958年的金门炮击战,中共中央从起初决意收复金马到后来刻意留住国民党守军,是一个颇有意思的策略转变。这是一场融军事斗争与政治斗争于一体的行动,且政治斗争意图在其中占更大的比重,整个行动的最终目的是维护中国主权的完整。

通过这次危机,国共双方领导人之间达成了某种的默契,即不必在台海地区做你死我活的争斗,而应共同反对美国方面制造"两个中国"的阴谋,维持中国不被分裂的局面。毛泽东公开揭露美国有抛弃蒋介石、另谋他途以控制台湾的意图,也多少给蒋介石维持其岛内统治帮了点忙。

此外,美国尽管丝毫没有放松其反共反华立场,但也在危机中明确地表现出不支持甚至反对国民党集团"反攻大陆"的意向,这大大降低了台湾问题在中国政府对外决策议程中的紧迫性,使新中国得以将更多的精力投诸其他方向。

与台湾当局时时高喊"反攻大陆"的口号却并未认真付诸实施一样,中国政府此后虽然也继续高喊"一定要解放台湾"的口号,但却不再将之当作头等事项,而是寄希望于和平解决。正如毛泽东在《告台湾同胞书》中所言:"台湾的朋友们,我们之间是有战火的,应当停止,并予熄灭。这就需要谈判。当然,再打三十年,也不是什么了不起的大事,但是究竟以早日和平解决较为妥善。"

附录

本章大事年表

1951年9月　　　　　　　《美日安全保障条约》签订

1953 年 7 月	朝鲜战争结束
1953 年 10 月	《美韩共同防御条约》签订
1953 年 11 月	美国国务卿杜勒斯首次公开提出"两个中国"论调
1954 年 9 月	《东南亚集体防御条约》签订
1954 年 12 月	"美台共同防御条约"签订
1955 年	
1 月 19 日	中国人民解放军攻占一江山岛
1 月 29 日	美国国会参众两院通过所谓"台湾决议案"
2 月初	国民党军撤离大陈岛
4 月 23 日	周恩来总理在万隆会议上公开宣称愿意与美国坐下来谈判
8 月 1 日	中美大使级会谈在日内瓦举行
9 月 10 日	中美就双方平民归国问题达成协议
1957 年	
11 月 7 日	中国代表团退出第十九届国际红十字会大会
12 月 12 日	中美大使级会谈中断
1958 年	
5 月	美国驻台各单位合并成统一的"美军驻台协防军援司令部"
8 月 7 日	蒋介石宣布实行"特别警戒状态"
8 月 23 日	中国人民解放军前线部队第一次猛烈炮击金门
9 月 4 日	中国政府宣布 12 海里领海宽度
9 月 8 日	解放军炮击由美军护航的台湾运输船队
9 月 15 日	中美大使级会谈在华沙复会
10 月 6 日	中国政府发表《告台湾同胞书》，宣布暂停炮击
10 月 21 日—23 日	杜勒斯访问台湾，解放军恢复炮击
10 月 25 日	中国政府发表《再告台湾同胞书》
1959 年 1 月 7 日	金门前线炮击完全停止
1960 年 6 月 17 日	艾森豪威尔访问台湾，解放军恢复对金门的单日炮击
1978 年 12 月	对金门的炮击彻底停止

重要知识点

"多米诺骨牌理论" "两个中国"阴谋 "美台共同防御条约" 解放大陈岛 中美大使级会谈 "8·23"炮击 《告(再告)台湾同胞书》

思考题

1. 20 世纪 50 年代美国对中国的遏制政策及其措施。
2. "两个中国"阴谋不能得逞的原因。
3. 中美大使级会谈的历史意义。
4. 中国政府在金门炮击战中的策略演变。

延伸阅读

蔡佳禾著:《双重的遏制:艾森豪威尔政府的东亚政策》,南京大学出版社,1999 年。

陶文钊主编:《中美关系史(1949—1972)》,上海人民出版社,1999 年,第 4、5 章。

[美]约翰·鲁宾逊·比尔著:《约翰·福斯特·杜勒斯》,上海人民出版社,1976 年。

王伟男著:《中美关系中的台湾问题:1948—1982》,山东人民出版社,2007 年,第 1 章。

张景旭编著:《台湾问题:中美关系的焦点》,福建人民出版社,1999 年,第 1—6 章。

王海琳等主编:《美国与国共关系和海峡两岸关系》,武汉出版社,2001 年,第 3—5 章。

贾庆国著:《未实现的和解 中美关系的隔阂与危机》,文化艺术出版社,1998 年,第 5—8 章。

邵玉铭著:《中美关系研究论文集(第二版)》,(台北)传记文学出版社,1987 年。

叶飞著:《叶飞将军自述》,辽宁人民出版社,2001 年,第 10—13 章。

沈志华、唐启华主编:《金门:内战与冷战 美、苏、中档案解密与研究》,九州出版社,2010 年。

翟志瑞、李羽壮著:《金门纪实:五十年代台海危机始末》,中共中央党校出版社,1994 年。

徐焰著:《金门之战,1949—1959 年》,中国广播电视出版社,1992 年。

王炳南著:《中美会谈九年回顾》,世界知识出版社,1985 年。

第五章　国际变局与中苏关系的变化

新中国在坚决抵抗美国对华遏制政策的过程中站稳脚跟,捍卫了国家尊严和安全。但在国际形势急剧变化的环境中,中国与苏联之间有着深刻根源的矛盾逐渐爆发出来,致使两国关系日趋冷淡。

一、20 世纪 50、60 年代之交国际局势的变化

东西方阵营的清晰化

冷战进行至 20 世纪 50 年代中期,东西方两个阵营对垒的格局越发清晰。1947 年美国先后抛出"杜鲁门主义"和"马歇尔计划",1949 年 5 月策划建立了"北大西洋公约组织"(NATO)以及其他一些组织,形成对社会主义国家的包围圈。面对美国和西方其他国家政治上的孤立敌视、意识形态上的攻击、经济上的制裁与封锁、军事上的包围和威胁,苏联方面奋起自卫,针锋相对:1947 年 9 月成立欧洲 9 国共产党和工人党情报局;1949 年 1 月,苏联与东欧 6 国成立"经济互助委员会"以对抗"马歇尔计划";1950 年 2 月《中苏友好互助同盟条约》签订,社会主义阵营力量陡然壮大;1955 年 5 月苏联和东欧国家建立"华沙条约组织",与"北大西洋公约"组织对抗,欧洲形成了两大军事集团对抗的局面。

两大阵营的固化,为各自的成员国提供了较为有效的保护伞,消除了冷战初期各国对自身安全惶惶不安的危机感。但也正因为如此,各国原先那种大敌当前、同仇敌忾的意念也日趋淡薄,两大阵营内部一些潜在的矛盾逐渐萌发出来。

西方阵营内部的裂痕

美国本土远离二战战场,在世界各国被战火蹂躏得几成废墟的同时实现了其自身的经济繁荣,有统计称 1945 年美国在全球国民生产总值(GDP)中所

占的比重达 56％；1950 年美国的工业产值仍超过英、法、德、日各国总和的1.2 倍。凭借如此强大的经济实力,美国以经济援助为杠杆,令亟待资金恢复元气的西方各国俯首听命,成为西方阵营中说一不二的龙头老大。与此同时,美国又依靠西方阵营的坚定支持进行全球性扩张,一举改变了二战之前奉行孤立主义、偏安美洲一隅的状态,在世界各地建立起军事基地网络,力图行使世界警察的角色。

然而,美国的扩张远非一帆风顺,它在朝鲜战争中的失败清楚地表明,一个国家无论其军事、经济力量有多强大,也无法忽视全世界各国人民的自由意愿完全主宰国际局势。不仅如此,随着各国战争创伤的弥合和经济的迅速复原,美国的相对力量开始下降,而一些西方国家对美国经济援助的依赖程度逐渐减小,在政治上也不再无条件地跟随美国的指挥棒。1954 年,法国不愿听从美国鼓动继续印度支那战争,英国也拒绝美国关于美英法联合干预印度支那事务的建议,已显示出西方阵营内部的裂痕。

此后,以法国为首的西欧国家努力加强相互间的经济合作,并于 1958 年1 月建立由法国、西德、意大利、荷兰、比利时、卢森堡 6 国组成的欧洲经济共同体,拥有了一个与美国分庭抗礼的平台。1958 年 5 月上台执政的法国总统戴高乐将军(Charles de Gaulle)具有强烈的民族主义意识,他反对美国颐指气使的霸主做派,谋求法国在国际政治中的独立自主,主张与苏联、东欧等社会主义国家缓和关系,并倡导以法德合作为支柱实现"大欧洲联合"。从 1959 年起,法国对美国采取一系列的对抗性措施:将法国地中海舰队从北约撤出,拒绝美国在法国领土上储存核弹头,令部署在法国的美国轰炸机群撤往英国和西德,拒绝北约空防一体化,令法国大西洋舰队撤出北约……直到 1966 年 2 月最终宣布退出北约军事一体化机构。在此期间,法国还于 1964 年 1 月与中华人民共和国建立了外交关系。

图 5-1　戴高乐将军,法国总统
1959.1—1969.4

东方阵营内部的动荡

与西方阵营内部的不稳定一样,东方阵营内部也出现了巨大的波动。社会主义阵营内部矛盾的爆发,肇始于1956年2月的苏共二十大。时任苏共中央第一书记的赫鲁晓夫(Никита Сергеевич Хрущёв)草率地在会议上做了一个全面批判斯大林的"秘密报告",谴责斯大林大搞个人崇拜、专制独裁等种种错误。同时,苏共二十大也公开提出了被称为"三和路线"的新政策。

"三和路线"即"和平共处"、"和平竞争"和"和平过渡",其基本构想是与西方国家和平共处,避免战争;在和平的竞争中超越西方国家;西方发达资本主义国家的工人阶级可以通过议会道路取得政权,和平过渡到社会主义制度。苏共中央的新政策还包括对亚非拉尚未实现民族独立的第三世界国家积极渗透,以便使这些国家和平过渡到苏联的战略轨道内,扩大苏联在国际范围内的影响力。

图 5-2　赫鲁晓夫在苏共二十大做"秘密报告",1956年2月

苏共二十大及其"秘密报告"揭露东方阵营内的涌动暗流,社会主义各国内部及相互之间长久被压制的各种矛盾迸发出来。1956年3月,苏联格鲁吉亚共和国首都第比利斯(Tbilisi)发生民众暴力事件,示威者高举斯大林画像,高呼"斯大林主义万岁"、"打倒赫鲁晓夫"等口号,强制征用公共汽车和电车在市内游行。苏联当局使用坦克部队驱散游行,致使数百民众死亡,200多人被逮捕。

秘密报告的冲击波很快扩散到东欧国家,1956年6月,波兰发生了"波兹南(Poznań)事件",原本只是一些波兰工人要求减税和加薪的集体行动很快扩大成冲击党政机关的大规模示威游行,波兰当局出动军队进行镇压,造成数十人死亡,200多人受伤,几百人被捕。

匈牙利事件

波兹南事件刚刚平息,匈牙利又发生了更严重的动荡。1956年7月,受民众普遍憎恶的匈牙利劳动人民党第一书记拉科西·马加什(Mátyás Rákosi)下台,10月23日,在"裴多菲俱乐部"等势力鼓动下20万匈牙利民众走上布达佩斯街头举行示威游行,要求严厉惩处拉科西,并要求在民众中拥有较高威望的前总理纳吉·伊姆雷(Nagy Imre)再度出任总理。当天夜间匈牙利政府紧急改组,纳吉出任总理,但第二天匈牙利党总书记格罗·艾尔诺(Gero Ernoe)谴责示威游行为反革命暴乱的演说激怒了民众,事态演化为暴力流血冲突。

10月25日,苏联军队受格罗邀请进入匈牙利镇压暴乱,原先的匈牙利内部改革事务变成了匈牙利民众对外的民族抗争。纳吉在宣布一系列改革措施以平息事态的同时,劝说苏军于10月29日撤离,但在一些激进势力暗中鼓动和西方舆论的煽动下,加上1万多名刚被释放出狱的罪犯趁机滋事,匈牙利爆发规模更大、更为残忍的袭击军政人员的流血事件。

苏联在其他一些国家共产党的支持下,于10月31日再次派军队进入匈牙利;纳吉决定与苏联决裂,向西方国家呼吁援助并宣布退出华沙条约组织。匈牙利军队袖手旁观,但布达佩斯民众却自发与苏联军队展开了激烈的街头巷战,直到11月4日事态才趋于平息。原匈牙利劳动人民党总书记卡达尔·亚诺什(Kádár János)将该党改组为匈牙利社会主义工人党,在苏联军队的支持下控制了局势。在整个匈牙利事件中,约2 700名匈牙利人死亡,13 000多人受伤,苏联军队也伤亡了近2 000名士兵。匈牙利总理纳吉随后被卡达尔政权逮捕并被处决。

波兹南事件和匈牙利事件虽然并未导致东方阵营破裂,但却给各社会主义国家的事业发展和相互间关系蒙上了一层浓重的阴影。正是在这样的背景下,中国与苏联之间的关系开始发生微妙的变化,逐渐从关系冷淡化到分歧公开化,再到关系恶化,直至最后发展到武装对峙。

二、中苏关系的隐患

中苏交恶的责任问题

苏联是新中国最重要的盟友，自 1950 年 2 月《中苏友好互助同盟条约》签订后，中苏两国相互支持，顶住了美国咄咄逼人的全球扩张势头，尤其是苏联提供大量的武器装备，帮助中国人民志愿军在近三年艰苦的抗美援朝战争中击败"联合国军"，实现了保家卫国的战略目标；而中国人民的英勇奋战，也有力减轻了苏联面对的来自美国及其欧洲盟国的巨大压力，大大改善了苏联的国际处境。苏联在外交上不遗余力的支持帮助新中国顶住了美国的封锁遏制政策；而苏联的大量经济援助，是一穷二白、百废待兴的新中国成功开展社会主义建设必不可少的条件。一些力图否认或贬低苏联对新中国帮助的言论，是对历史事实的不尊重；当然，贬低新中国对苏联支持的意义，也同样是不恰当的。

然而，这样一个坚固的同盟却在不到 10 年之后逐渐解体，两个"同志加兄弟"式的盟国最终反目成仇，个中结果不能不引起深思。虽然中苏交恶符合国际政治中的一条铁律——"没有永久的朋友，也没有永久的敌人，只有永久的利益"，故无须感到惊奇，但两国处理相互关系的态度和手段，极富启发意义，还是值得认真探讨的。

在很长一段时间里，中苏双方都互不相让，将导致相互关系恶化的责任推给对方，直到 20 世纪 80 年代中期，中国方面才正式表示中国对中苏关系恶化也负有责任。1985 年 10 月，中国国家主席李先念在会见苏联议会代表团时提到以往历史时说："你们骂我们的话有不对的，我们骂你们的话也有不对的。"苏联方面的正式承认要晚一些，一直到 1989 年 5 月戈尔巴乔夫（Михаил Сергеевич Горбачёв）访华时才做出正式表态。站在客观理智的立场上，我们不难认识到，中苏双方都对相互关系的恶化负有责任。

同盟关系过密的弊端

颇具讽刺意味的是，中苏关系恶化的最根本原因，恰恰就在于中苏同盟的密切性，即 1950 年《中苏友好互助同盟条约》的某些内容，已经埋下了中苏分裂的祸根，特别是该条约第三点"有关中苏两国共同利益的一切重大国际问题,均将进行彼此协商"的条款,意味着中苏两国今后在国际舞台上必须保持完全一致,这大大束缚了两国的手脚。

对于中苏这样两个都幅员辽阔、人口众多但所处国际环境又多有不同的大国来说,各自的国家利益和战略抱负肯定也会有所不同。而由于盟友之间的亲密关系,双方在协商过程中不自觉地指望对方能够认同并服从自己的立场,不愿像对待其他普通友邦那样约束自己一方的意愿;一旦得不到对方的响应便不免心生怨气,当怨气达到一定程度时,双方又意气用事地指责对方,希望对方能回心转意甚至向自己道歉。总之,中苏两国之间出现分歧是很正常的,一点也不可怕,可怕的是双方如何对待分歧。努力让对方服从自己意愿的做法,无助于解决分歧,只会适得其反。

概括地说,中苏之间的隐患是中苏领导人在以下四个方面的分歧。

社会主义发展道路分歧

首先是中苏两党在社会主义发展道路上的看法分歧。1957 年 6—10 间,赫鲁晓夫清除了马林科夫(Гео ргий Максимилиа нович Маленко в)、卡冈诺维奇(Лазарь МоисеевичКаганович)、莫洛托夫以及曾大力支持过他的朱可夫(Гео́ргий Константи́нович Жу́ков)元帅等所有政敌,此后他继续推行大刀阔斧的改革。

赫鲁晓夫的改革涉及面极广,主要有:继续批判斯大林,直至 1961 年将斯大林的墓穴迁离列宁墓;精简中央机构,裁撤 20 多个中央部委;扩大地方行政权力,在原有行政体系之外设立 105 个"经济区"以直接管理经济建设活动;扩大集体农场的自主权、改农场义务交售制为农产品采购制;适度放松文艺领域的意识形态控制;大幅度裁减苏联军队人数,全力发展战略武器和潜艇部队,等等。

这些改革措施虽然并未从根本上清除计划经济固有的僵化弊病,但的确给苏联经济带来了一些活力,故当时苏联工业的年平均增长率达到 10.7%;苏联国内政治气氛有所宽松,几乎没有发生以往那种大规模的"政治犯"事件,知识分子得以拥有某种程度的创作自由;科学技术水平迅速提高,1957 年 10月,苏联先于美国成功发射第一颗人造地球卫星"旅行者 1 号"(Спутник‐1),1961 年又成功发射宇宙飞船"东方 1 号"(Восток‐1)。但是,改革也触动了一些集团的既得利益,故引来诸多抱怨。最严重的问题是赫鲁晓夫个人的主观意志太强,他身兼苏共中央总书记和部长会议主席两大职务,颇为独断专行,且他行事莽撞草率,政策措施杂乱无章,经常是朝令夕改,令人无所适从。

赫鲁晓夫的改革，无论其过程和效果如何，仍然属于正常范围内对社会主义建设道路和发展模式的合理探讨，其性质无可厚非。但中共领导人在当时的历史背景和认识水平上认为赫鲁晓夫背离了正统的马列主义原则，搞修正主义复辟。

不过，由于苏联发展模式是各社会主义国家的样板，指引着社会主义道路的发展方向，中共领导人对此提出自己的批评，无论是对是错，也是情有可原的，属于国际共产主义运动内部的意见商榷。而斯大林长期作为国际共产主义运动的领袖，已经在中国人民中享有了崇高威望，赫鲁晓夫将其"一棍子打死"的做法，难免引起中国领导层和民众的反感。其实，不只是中共对苏共政策有不同看法，苏共对中国政策也有非议，赫鲁晓夫对当时中国推行的一些国内政策如"反右"、人民公社和"大跃进"等运动，也表示过不同的看法。问题的关键在于，中苏两国领导人对对方国内政策的不同意见本身只是意识形态上的分歧，但这些原本合理的反应，却令双方心存芥蒂，最终竟导致中苏两国国家关系的全面恶化，这是双方都始料未及的。

国际局势看法分歧

中苏关系的第二个隐患是双方对国际局势的看法分歧。赫鲁晓夫基于"三和路线"的指导思想，强调通过对话和谈判来解决美苏分歧，1959 年起美苏之间的冷战形势一度转向缓和。1959 年 9 月赫鲁晓夫应艾森豪威尔之邀访问美国，为 40 年来苏联最高领导人首次访美。在为期 12 天的访问中，赫鲁晓夫与艾森豪威尔在戴维营（Camp David）进行了三天的会谈，就德国、柏林、裁军、美苏关系等问题进行了一系列讨论。苏联此后大肆宣扬"戴维营精神"，苏联报刊鼓吹苏美两国领导人一坐在一起国际关系就进入了"新纪元"，人类历史出现了新的转折点云云。赫鲁晓夫对美苏两强协调控制全球事务的前景充满期待，故希望社会主义国家也按苏联的模式来处理对西方的关系。

中国当时正处在与美国的尖锐对垒之中，自然对美苏之间的"缓和"之势采取保留态度，更不愿服从赫鲁晓夫的指挥。中国领导人认为社会主义与帝国主义之间的矛盾不可调和，所谓"不是东风压倒西风，就是西风压倒东风"，决不能对美帝心存幻想；赫鲁晓夫只是以妥协退让换取与美国的缓和，比如撤回要求西方 6 个月内撤出西柏林的通牒等等，这不过是一种投降行为而已，根本不值得吹嘘。

后来几年的事实也证明了中国领导人的判断是正确的。1960 年 5 月 1 日发生"U－2 飞机事件"，美国一架高空间谍飞机被苏联击落，飞行员被俘，美

图 5-3　赫鲁晓夫访问美国,1959 年 9 月

国长期以来暗中侦查苏联的行为曝光,赫鲁晓夫勃然大怒,强烈抗议,而艾森豪威尔总统摆出一副无所谓的回应姿态,致使半个月后美苏英法四国首脑讨论德国和柏林问题的巴黎会谈不欢而散。1961 年 8 月再度爆发柏林危机,赫鲁晓夫下令在一夜之间筑起一道封锁西柏林的壁垒,即著名的"柏林墙",力图逼迫西方让步,但却未能得逞。激愤的赫鲁晓夫随后策划在古巴部署导弹,以图直接威胁美国的本土安全,遂导致了震惊世界的"古巴导弹危机"(1962 年 10—11 月),最终苏联颇丢面子地对美国做出了让步。

赫鲁晓夫采取裁军、对话等谋求缓和美苏矛盾的对外政策,虽然不切实际,但对这种努力本身并不能一概加以否定,它毕竟是着眼于追求世界局势缓和与稳定的和平外交,无可厚非。但中国的处境与苏联完全不同,中国正面临来自美国的巨大压力和恶意敌视,美国甚至连"事实承认"中华人民共和国的姿态都不愿做出,故中国根本没有条件也没有资本追求与美国的对话和缓和。在这种处境下,中国采取坚决对抗美国的立场是维护国家尊严的正当行为,也无可厚非;中国期待苏联老大哥在自己的对美斗争中给予更多的支持也情有可原。

问题就出在苏联企图依据中苏同盟精神力促中国配合苏联的对美方针,把自己的外交政策主张强加到中国政府身上。由此,对美国和西方的外交政策倾向矛盾成为中苏之间难以协调的争执焦点。

合作互助看法分歧

中苏关系中第三个隐患是两国领导人对合作互助看法的分歧。新中国在建国之时就确立了"一边倒"政策,坚决站在苏联一边,将斯大林领导的苏联奉为"老大哥",表现出了唯斯大林马首是瞻的忠诚,而苏联领导人无论是斯大林本人还是其后继者也逐渐习惯于中国这样的姿态。这种相互关系模式本身就存在某些问题，因为任何能够持久的国家关系应该依据平等互利的基础，而苏中这种"老大哥—小兄弟"式的关系，很难称得上真正的平等。

在新中国成立初年的艰难时局中，中国的"一边倒"姿态即使出自诚意，也是形势使然。但在随后的几年里新中国已迅速站稳了脚跟，中国领导人逐渐感受到原来的中苏关系格调带来的不适，在1953年3月国际共产主义运动名副其实的"老大哥"斯大林去世之后，这种感受越发强烈，更何况苏联新一代领导人全面否定斯大林，去除了斯大林原来享有的尊崇地位。中苏两国领导人个人之间地位和相互关系的变化，不由自主地影响到两国关系的变化。

而在中国领导人看来，中国人民在朝鲜战争中做出了巨大牺牲，出兵百多万，近20万中华儿女长眠异国他乡，狠狠打击了美帝国主义的嚣张气焰，为苏联和整个社会主义阵营的安全和壮大立下了汗马功劳。仅仅这个卓越的贡献，就几乎足以抵偿苏联的各种援助了。

此后，赫鲁晓夫的莽撞行动招致社会主义阵营内部的急剧动荡，中国坚决站在苏联一边，努力挽救国际共运的团结。匈牙利事件期间赫鲁晓夫一度惊慌失措，是中国领导人的竭力鼓动才促使他下令第二次出兵匈牙利平息了事态；1957年1月，中国总理周恩来在苏联、波兰和匈牙利之间进行了近一个月的穿梭外交，并特意乘坐坦克车进入布达佩斯，表示对卡达尔政权的全力支持，对匈牙利局势的进一步平稳起了一定的作用。

不仅如此，1957年6月赫鲁晓夫清除其政敌马林科夫集团，10月解除朱可夫元帅职务，均在苏共党内和苏联社会中引起了激烈的反弹，以毛泽东为首的中共中央两次表示出对赫鲁晓夫的坚决支持，有力地促使了赫鲁晓夫的个人地位化险为夷；1957年11月，毛泽东主席亲自率领代表团赴莫斯科参加各国共产党和工人党代表大会，在大会发言中对赫鲁晓夫奉行的方针政策表示了充分的支持，并大力强调以苏联老大哥为首的社会主义阵营团结一致的重要意义。这个举动对稳定苏共二十大以后东欧出现的动荡局势产生了极大的积极意义。

三、中苏关系的冷淡

虽然中苏关系隐患颇多，但直到1957年年底，两国关系还是非常良好的，称得上处于蜜月期。1957年10月，中苏两国签订《国防新技术合作协定》，规定在 1957 年至 1961 年年底苏联将向中国提供几种导弹样品和有关技术资料,派遣技术专家帮助中国进行仿制,并提供有关导弹研制、试验靶场的工程设计和重要设备帮助;苏联还将向中国提供原子弹教学模型及有关资料,派遣有关专家,并增加中国火箭技术及原子能专业留苏学生的名额。接着,毛泽东又于 11 月出访苏联,在各国共产党人会议上高度赞扬和支持赫鲁晓夫。

"联合舰队"事件

奇怪的是,这样亲密无间的姿态只持续了几个月,便被一个"误会"蒙上了一层的阴影。早在 1955 年 2 月,赫鲁晓夫决意纠正斯大林时期苏军占据中国旅顺港的错误行为,提前将该港交还中国,获得中国领导人的高度赞赏,因为有外国军队驻扎在中国领土上,一直是 100 年来饱受列强欺凌的中国人民引以为耻的事情。至 1958 年年初,苏联成功试制核动力潜水艇,解决远洋巡航潜艇与本土基地之间的通讯联络问题成为苏联海军的当务之急。中苏军方首领就两国在中国华南沿海共同建设大功率长波电台发射站和远程接收站事务进行了磋商。

至 1958 年 7 月,苏共中央决定委派苏联驻华大使尤金(Павел Фёдорович Юдин)向中国方面正式提出该项建议。尤金在 7 月 21—22 日拜会了毛泽东主席及其他中国高层领导人,郑重转达此意,并称赫鲁晓夫总书记希望与中国同志一起商谈中苏"共同建立海军舰队"的建议。尤金的表述引起毛泽东的警觉,毛泽东严厉追问尤金有关苏共中央的真实意图,并强烈表示他对苏联建议极为不满,称这涉及对中国主权的尊重问题。

尤金被毛泽东的怒气吓得惶恐不安,他深感闯了大祸,紧急向国内汇报。7 月 31 日,赫鲁晓夫秘密访问北京与毛泽东会晤,他坚持声称是翻译不清和尤金自作主张引起了误会,苏共中央从来没有向中国同志建议建立"联合舰队"的意图,只是期望中国提供帮助建设长波电台而已。毛泽东在会晤中谈论了一些有关中国主权、尊严之类的话,但同意了苏方的请求,只是表示长波电台不能是中苏共同建设,而应由中方单独建设,主权归属中国,只是租借给苏联海军使用而已。这得到了赫鲁晓夫的认可。

中国方面日后多次将苏联的"联合舰队"建议拿出来说事,把它当作苏联企图控制中国海军的证据,但此事在当时并未产生多大的影响。赫鲁晓夫当时愉快地离开了北京,临行前中国方面建议发表一个会谈公报以展示中苏"坚如磐石"的团结,赫鲁晓夫欣然同意,一场风波似乎归于无影了。但整个事件尚有一些无法确定之处。如果说这完全由于驻华大使尤金个人的失误,从而在这样重大的事务上使两国产生了误会,实在有点匪夷所思,难以令人信服。但不管怎样,赫鲁晓夫意识到了中国在这类问题上的敏感,及时撤回了或许存在或许不存在的"联合舰队"建议方案。

金门炮击战的影响

影响更大的事件是随后不久的炮击金门行动。赫鲁晓夫称,在他秘密访问北京期间,中国领导人从未与他谈论过台湾海峡事务,此后中国方面也没有预先通报炮击计划,故苏联方面对不久后爆发的第二次台海危机一无所知;然而由于他离开北京前中苏共同发表了会谈公报,事情就变成炮击金门显然是中苏最高领导人之间协商一致后采取的行动。赫鲁晓夫感觉到被毛泽东利用甚至愚弄了,被绑架进了台海危机之中。

中国方面后来向苏联解释称,在赫鲁晓夫访问北京时中共还未决定进行金门炮击战,且觉得台海事务是中国的内政问题,不想将苏联牵涉进来。这种解释自然得不到苏联的认可。此次秘密访问北京前后的事态对赫鲁晓夫刺激很深,他觉得中国领导人对他不够尊重,似乎不愿认真承担同盟条约规定的义务,却要坐享同盟条约给予的权利——作为中国的坚强盟友,苏联即使事先不知情,事后也必须做出坚决支持中国正义行动的姿态,而这种姿态将对美国产生有效的震慑,有利于中国对抗来自美国的压力。

但平心而论,中国方面的行为也有其苦衷,实属无奈的权宜之计。展开金门炮击战以回击美台在台海地区的叫嚣,是中国的国家利益所在,可谓箭在弦上不得不发,但中国领导人也担心,如果事先商之于赫鲁晓夫,万一苏联方面不予以支持,则该计划便会成半途而废、骑虎难下之势。由此我们可以领略到一个事实,《中苏友好同盟互助条约》关于"彼此协商"的条款,已经成为一种恼人的负担。对中国如此,对苏联又何尝不是如此呢?

美苏关系缓和的影响

苏联清楚地知道,中国对苏联推行对西方缓和战略的不认同态度,因此也尽量减少在苏联对美政策方面与中国"协商",以免其基于"三和路线"的对外政策在实施过程中受到中国方面的掣肘。从 1958 年下半年起,中苏已相互心存芥蒂,"彼此协商"越来越少。

苏联于 1959 年 1 月派部长会议副主席米高扬访美,苏美关系迅速升温,至 1959 年 5 月,艾森豪威尔邀请赫鲁晓夫访问美国,中国只得满怀醋意地冷眼旁观。但在 1959 年 6 月 20 日,苏共中央致函中共中央,借口当时苏联与美

国等西方国家正在日内瓦谈判有关禁止核武器试验的协议,提出中断1957年
《国防新技术合作协定》中若干重要的援助项目。这种单方面停止执行协议的
行为在中国领导人中激起的便不仅仅是醋意而已了,而是一种难以名状的恼
怒。中国领导人不无理由地将此理解为赫鲁晓夫对上年"联合舰队"建议和炮
击金门事件的报复措施。

　　但是,无论是苏联还是中国,其时都不想让相互间私下的不和谐暴露出
来,那样只会令美国和西方阵营拍手称快,并促使美国进一步实施其瓦解社会
主义阵营的图谋。故中苏两国领导人对两国关系的状态颇感焦虑,也大有力
图挽救的愿望。在按捺心中恼怒及期待和解方面,中国的心情似乎比苏联更
迫切些,因为苏联的支持,即便表面上的支持,是中国顶住美国封锁遏制新中
国之咄咄势态的关键后盾之一。但中国很快遭遇了尴尬处境。

中印关系的影响

　　1959年8月下旬,中印两国边防部队在边界发生了一次小规模的武装冲
突,苏联方面出于拉拢印度的战略考虑,刻意淡化自己对此事的关注,对中国
方面提供的事实说明置若罔闻,并不顾中国方面的劝阻,提前于9月9日通过
塔斯社发表了一份简单的声明,对中印边界争端表示"遗憾"。在明眼人看来,
作为中国盟友的苏联采取这种"不偏不倚"的中立姿态,无异于偏袒印度一方,
也助长了此后印度对中国的强硬态度。

　　中国方面对苏联的这种态度极为气愤,认定赫鲁晓夫偏袒印度反动派,是
为了讨好美帝国主义而给美国总统艾森豪威尔送上一份见面礼。但即便如
此,中国方面还不想对苏联采取过于强烈的反应,9月29日的《人民日报》还
发表社论《赫鲁晓夫同志访美的成就》,宣称赫鲁晓夫这次访问美国对和缓国
际紧张局势是有益的,并给美国的冷战势力以打击等等。另外,中国还邀请赫
鲁晓夫在访美归国途中顺访北京,参加中华人民共和国国庆十周年庆典。

四、中苏分歧的公开

赫鲁晓夫的北京之行

　　1959年9月29日,赫鲁晓夫一行抵达北京,毛泽东、朱德、周恩来等国家
领导人前往机场迎接,中国领导人不仅把赫鲁晓夫的这次来访看作向外界显

示中苏团结的机会,也看作一个双方冰释前嫌的好时机。但事态发展超出了中方的预料。

9月30日晚上,赫鲁晓夫出席中华人民共和国国庆十周年招待会并发表贺词,然而,这篇贺词与其说是热情洋溢,不如说是趾高气扬。赫鲁晓夫在谈了社会主义力量空前强大之后,话锋一转,称"这当然绝不是说,既然我们这么强大就应该用武力去试探资本主义制度的稳定性,这是不正确的。因为人民绝不会理解,也绝不会支持想这样干的人"。这套兜售其"三和路线"的讲话,令中国领导人颇感不适。

10月1日上午毛泽东与赫鲁晓夫之间的会谈因如何评价斯大林的问题不欢而散。10月2日,中共最高层全体人员和苏联代表团举行正式会谈。这是一种同志加兄弟间的对话,双方都无所顾忌,言辞直爽,甚至不顾外交礼仪。但恰恰如此,会谈开始时的亲密气氛很快因种种分歧变成了互不相让的口舌之争。

争执的焦点最后落到中印边界冲突时苏联的态度。外交部长陈毅颇为咄咄逼人地指责赫鲁晓夫说:你们和我们都是社会主义国家,你是社会主义阵营的头头,为什么对一个社会主义国家和一个资本主义国家之间发生冲突,分明是资本主义国家首先挑衅的,你不但不支持社会主义国家,反而支持资本主义国家,指责社会主义国家? 你们9月9日发表的那个塔斯社声明,是偏袒印度、指责中国的。

赫鲁晓夫对陈毅的态度非常生气,竟有点失态地说,从军衔上来说,你是元帅,我是中将,但在党内我是第一书记,是第一书记! 你不能对我无礼。陈毅元帅则回称你虽然是第一书记,如果说得不对,我们当然不能听! 进而指责赫鲁晓夫是迁就主义。赫鲁晓夫大动肝火地说,我怎么是迁就主义? 你们才是冒险主义,狭隘民族主义。你们把跟印度的关系搞坏就不对。你们何必去争那么一点小地方呢? 喜马拉雅山下荒无人烟,争那么一小块地方,跟尼赫鲁冲突,很不值得!

赫鲁晓夫的这种立场大有问题,他只看到尼赫鲁在国际上相对进步、反对美国、可以争取的一面,却不理会事情的是非曲直,更无法领会中印边界问题错综复杂的历史背景。会谈最后不欢而散,赫鲁晓夫在会谈结束前竟气鼓鼓地称:"艾森豪威尔对我说,你到中国去一定是白跑一趟。果然是白跑一趟了。"

海参崴演讲

赫鲁晓夫此次在中国遇到的来自盟友的直言争辩,与他在美国受到的周到礼遇形成鲜明对照,不免让他难以舒解。当他回到苏联后,他的不快难以遏制地被宣泄出来,10 月 6 日,他在海参崴(Владивосток)发表演讲时不指名地批评中国"像公鸡好斗那样热衷于战争",10 月 31 日,他又在苏联最高苏维埃会议上攻击中共是"冒险主义"、"不战不和的托洛茨基主义"。等他情绪平静下来时,他也意识到此前做法的不妥,故在 11 月 11 日指令新任驻华大使契尔年科(Степан Васильевич Черненко)向中共中央转达声明,称中苏两党"对重大问题看法是完全一致的,没有任何原则分歧;至于一些个别问题,经过双方讨论和充分交换意见,也不存在了;因而苏共中央主席团已做出决定,把上次双方在北京举行会谈的记录烧毁"。

"和""战"之争

其实,赫鲁晓夫和中国领导人内心都明白,中苏两党之间的矛盾是原则性的。中共认为赫鲁晓夫认不清帝国主义的本质,对艾森豪威尔抱有幻想。而崇尚"三和路线"的赫鲁晓夫则根深蒂固地认为毛泽东有极其危险的好战倾向,尤其是毛泽东在这段时间里经常公开宣称不怕核战争的姿态,更令赫鲁晓夫不能认同。

毛泽东的确说过,"美国的原子讹诈,吓不倒中国人民。我国有六亿人口,有九百六十万平方公里的土地。美国那点原子弹,消灭不了中国人。即使美国的原子弹威力再大,投到中国来,把地球打穿了,把地球炸毁了,对于太阳系说来,还算是一件大事情,但对整个宇宙说来,也算不了什么";并称"原子仗现在没经验,不知要死多少,最好剩一半,次好剩三分之一,二十几亿人剩几亿……换来一个资本主义全部灭亡,取得永久和平,这不是坏事"。毛泽东还在 1957 年 11 月的莫斯科各国共产党和工人党会议上号召不要害怕战争,"如果爆发战争要死多少人? 全世界 27 亿人口,可能损失三分之一;再多一点,可能损失一半……死掉一半人,还有一半人。帝国主义打平了,全世界社会主义化了"。

然而,毛泽东的这些言论,多少是一种策略上的虚张声势,并不能代表中国领导人的真实想法。不妨设想一下,20 世纪 50 年代美国凭借军事优势对新中国采取封锁遏制和战争威胁政策,且屡屡对中国实施核讹诈,在这种情况下,中国如果公开表现出恐惧的心理,岂非只能忍让妥协、俯首称臣? 而相反,毛泽东不怕战争也不怕原子弹的宣言,的确令美国的政策难以得逞。毛泽东绝非缺乏对原子弹威力的正常认识,否则新中国也不会在那样艰苦的条件下勒紧裤带加紧研制核武器。

中苏两党在"和""战"问题上截然相反的姿态,致使双方已经冷淡的关系无法轻易扭转,反而很快发展到分歧公开化。1960年4月16日和22日,中共中央理论刊物《红旗》杂志和机关报《人民日报》先后发表《列宁主义万岁》和《沿着伟大列宁的道路前进》两篇重头理论文章,坚持列宁关于帝国主义、无产阶级革命和专政、战争与和平、建立社会主义和共产主义等问题的学说绝对没有过时,必须彻底揭穿"现代修正主义者"的谬论;并宣称帝国主义不会轻易接受有利于和平的协议,现代战争是帝国主义本性的产物,而帝国主义的本性是不可能改变的。

这些可以代表中共中央观点的言论,大有与苏联的"三和路线"思想唱对台戏的味道,苏共高层对此非常恼火,但也无可奈何。凑巧的是,10天之后,"U-2飞机事件"发生,美苏关系陡然恶化,似乎充分印证了中共观点的正确。但这还远不足以让赫鲁晓夫等人彻底改变其"三和路线",在此期间中国政府和民众声势浩大的支持苏联、声讨美国霸权行径的姿态,也不足以让赫鲁晓夫对中共领导人有所感激。

裁军问题

中苏分歧在"裁军"问题上表现得最为直接。赫鲁晓夫始终认为:尽管苏联的经济力量已大大增强,但与美国之间仍然存在较大差距;而美国则试图依靠强劲的经济实力与苏联较量,意图通过军备竞赛来拖垮苏联经济。另外,赫鲁晓夫也认为:在未来现代化战争中,常规部队能发挥的作用越来越小,大规模的陆军、水面舰艇舰队,不仅耗资巨大,也远远比不上战略导弹、远洋潜艇、尖端战机等先进武器的作用。因此,苏联应该采取主动,在"三和路线"的口号下,以呼吁全世界共同裁军的外交攻势来挫败美国的军备竞赛阴谋。1960年1月15日,苏联最高苏维埃通过法案,宣布苏联将再次单方面裁减武装部队1/3即120万人,并且将裁减陆军和海军的军备,削减军事开支;同时,苏联最高苏维埃还发布致世界各国议会和政府的呼吁书,呼吁世界各国共同裁军,保障世界和平。

中国方面多次发表声明,支持苏联的裁军呼吁,但是,鉴于中国自身军事力量的薄弱并面临来自美国方面的不承认政策和巨大的军事威胁,中国不愿无条件响应苏联的裁军主张,故中国方面在多次声明中指出:"如果没有中华人民共和国的正式参加和它的代表的签字,有关裁军的国际协议当然不能对中国具有任何约束力。"中国方面这种情有可原的表述,被苏联方面理解为实际上的不合作。"U-2飞机事件"后,中国对苏联裁军建议不合作的意向更为强烈。

1960年6月上旬,世界工会联合会理事会会议在北京举行,在会议筹备阶段和正式会谈期间,中国代表团与苏联代表团就会议指导意向发生了一系列争执。中国代表在大会发言中称,中国赞成苏联提出的裁军建议,但不能设想帝国主义会接受全面裁军的建议。中国代表更为尖锐地说,现在有人认为依靠这种建议就能根绝战争危险,这是一种不切实际的天真幻想。

苏联方面对这些刺耳的言论极为恼火,事后向中国方面抗议称,中国代表在世界工联会议这种群众性非党组织的代表面前批评苏共和其他兄弟党的观点,将共产党内部的分歧暴露给全世界,给了我们的敌人破坏国际共产主义和工人运动团结统一的机会。苏联方面随后进行了反击,6月23日,苏共在其《共产党人》杂志上发文称,"有些政治领导人把和平共处政策、裁军斗争看作放弃马克思列宁主义立场的倾向",这是对苏共决策的不信任态度,是错误的、教条的和"左倾"的。

布加勒斯特会议

苏共更强烈的反击发生在1960年6月24—26日于布加勒斯特召开的各国共产党和工人党代表大会上。赫鲁晓夫事先与各国代表团举行了协商,决定共同对中共代表团进行"同志式的帮助",试图迫使中共承认种种"左倾机会主义"错误。以彭真为团长的中国代表团在会议上进行了坚决的回击,会议演化成相互扣帽子的口水仗,苏共方面指责中共"要发动战争",在中印边界问题上采取"纯粹民主主义"的政策,对苏共采取"托洛茨基式"的对抗等等。中共代表团则指责赫鲁晓夫组织的围攻是"家族式的、武断的、专横的"做法,是肆意践踏兄弟党关系准则的恶劣行为。

双方在争论中都使用了许多尖刻伤人的语言,例如,赫鲁晓夫在指责中共的"教条主义"时竟说"列宁会从棺材里爬出来拧你们的耳朵";而彭真则反唇相讥地称,"那很好,这说明我们离列宁还不远,有些人离列宁远得恐怕连拧耳朵都够不着"。布加勒斯特会议将中苏分歧完全暴露在全世界面前。

附录

本章大事年表

1953 年 3 月 5 日	斯大林去世
1955 年 2 月	苏军撤出中国旅顺港
1956 年	
2 月 14 日—25 日	苏共二十大
2 月 25 日	赫鲁晓夫做"秘密报告"
3 月	第比利斯骚乱
6 月	波兰发生"波兹南事件"
10 月 23 日	
—11 月 4 日	匈牙利事件
1957 年	
10 月 4 日	苏联第一颗人造卫星发射成功
10 月	中苏签订《国防新技术合作协定》
11 月	毛泽东访问苏联，出席各国共产党和工人党代表
大会	
1958 年	
7 月下旬	"联合舰队"事件，赫鲁晓夫秘密访华
8 月 23 日	第二次台海危机爆发
1959 年	
6 月 20 日	苏联中断执行《国防新技术合作协定》
8 月下旬	中印边界冲突
9 月 9 日	苏联发表对中印冲突"遗憾"的中立声明
9 月 15 日—27 日	赫鲁晓夫访问美国
9 月 29 日	
—10 月 3 日	赫鲁晓夫访问中国
9 月 6 日	赫鲁晓夫发表"海参崴演讲"
1960 年	
1 月 15 日	苏联最高苏维埃发布致世界各国议会和政府"裁军

　　　　　　　　　　呼吁书”
5月1日　　　　　　"U-2飞机事件"发生
6月　　　　　　　　世界工会联合会理事会在北京举行
6月24日—26日　　布加勒斯特会议,中苏分歧公开化

重要知识点

　　赫鲁晓夫　　苏共二十大　　匈牙利事件　　"三和路线"　　美苏缓和长波电台　　"联合舰队"事件　　中苏《国防新技术合作协定》　　海参崴演讲　　布加勒斯特会议

思考题

　　1. 维持同盟关系良好运行的前提和手段。
　　2. 中苏同盟关系的隐患。
　　3. 如何看待冷战时期美苏关系缓和与激化的交替变化。

延伸阅读

　　沈志华主编:《中苏关系史纲(1917—1991)》,社会科学文献出版社,2011年,第2篇。

　　沈志华著:《无奈的选择:冷战与中苏同盟的命运(1945—1959)》,社会科学文献出版社,2013年。

　　沈志华主编:《脆弱的联盟:冷战与中苏关系》,社会科学文献出版社,2010年。

　　[苏联]奥·鲍·鲍里索夫、鲍·特·科洛斯著:《苏中关系,1945—1980》,肖东川、谭实译,三联书店,1982年,第4—6章。

　　[英]彼得·琼斯、西安·凯维尔:《中苏关系内幕纪实(1949—1984)》,郭学德等译,中国经济出版社1994年,第1—3章。

　　[苏联]赫鲁晓夫著:《赫鲁晓夫回忆录》,赵绍棣等译,中国广播电视出版社,1988年,第18章"毛泽东和中苏分裂"。

　　[苏联]赫鲁晓夫著:《最后的遗言　赫鲁晓夫回忆录续集》,李文政等译,中国广播电视出版社,1988年,第10、11章。

李赵然著：《中苏外交亲历记：李越然回忆录》，世界知识出版社，2001 年，第 99—197 页。

蒲国良著：《中苏大论战的起源》，当代世界出版社，2003 年。

蒲国良著：《走向冰点：中苏大论战与 1956—1965 年的中苏关系》，国际文化出版公司，2000 年，第 19—120 页。

何明编著：《中苏关系重大事件述实》，人民出版社，2007 年，第 8—17 章。

第六章　中苏交恶和中苏边界冲突

20世纪60年代里，由于中苏两国领导人相互间都采取了一些任性固执的对策，已经冷淡化的中苏盟友关系非但没有得到根本性的补救，反而朝着进一步恶化的方向发展，直至彻底对立，在边界地区兵戎相见。

一、中苏关系的短暂缓和与再度恶化

赫鲁晓夫的高压政策

布加勒斯特会议未能让中共屈服，赫鲁晓夫决定采取进一步的行动对中国领导人施加压力。1960年7月中下旬，苏联政府照会中国政府，借口中国不信任苏联专家、不尊重苏联专家的建议、向他们宣传中共反对苏共的政治观点，且许多项目实际处于停顿状态等理由，单方面决定全部召回在中国工作的苏联专家。

这一做法是赫鲁晓夫"施主"心态的大暴露：既然中国接受了苏联的援助，就应该听从苏联的意旨，否则苏联便撤回援助。撤回专家是将中苏两党之间的意识形态争执扩大到中苏两国的国家关系上，单方面撕毁协议也违反了一般的国际关系准则，实属无理行为。至1960年9月1日，1 390名苏联专家全部撤离，苏方同时还撕毁了中苏两国政府已签订的12个协定，两国科学院签订的1个协定书，443个专家合同和合同补充书，并废除了257个科学技术合作项目。虽然苏联撤走专家对中国经济建设造成的损害并不像以往中国宣称的那样巨大，但这种行为本身严重伤害了中国人民的感情。

中共的妥协策略

赫鲁晓夫表现出的这种不罢休的架势，的确给中国领导人造成了较大压力。其时中国正处在"自然灾害"最严峻的关头，如果苏联采取进一步制裁措施，必然会使中国国内局势雪上加霜，因此，中共中央重新考虑对赫鲁晓夫的斗争策略，确定了"坚持原则，后发制人；坚持斗争，留有余地；坚持团结，反对分裂"的24字方针，并做出了一些实质性的妥协退让姿态。具体表现有：在宣传方面更多地强调中国的和平共处外交政策，降低批判苏共的调门，在1960年9月筹备各国共产党和工人党会议的过程中采取斗而不破的政策，等等。

赫鲁晓夫也见好就收，因为说到底，在"U－2飞机事件"之后日趋尖锐的美苏对抗状态下，与中国彻底闹翻也于苏联不利。故1960年11月刘少奇率团参加各国共产党和工人党会议期间，中苏未再出现严重的争论，中苏领导人刻意表现出两国亲密无间、团结一致的表象。刘少奇在莫斯科宣称，就像看不到太阳从西方升起一样，帝国主义者"永远也看不到中苏两个伟大的党、伟大的国家、伟大的人民之间的分离"。

此后一年半时间里，中苏双方都小心翼翼维护这种险些失去的盟友关系。1961年年初，赫鲁晓夫主动向中国表示愿意借给中国100万吨粮食和50万吨蔗糖，帮助中国渡过困难，同意1960年中方的贸易欠款在5年期间分期归还，并再向中国贷款3.296亿卢布。① 同样，中共对于当时苏共与阿尔巴尼亚共产党之间愈演愈烈的争吵，也采取劝说劝和的和事佬态度，而非趁机挑战苏共权威。

伊塔事件

引发中苏关系再度恶化的诱因不再是意识形态争执，而是一些国家关系层面的具体事件。中苏关系的新一轮波折开始于1962年5—6月间，其时，在中苏边界西段的新疆伊犁哈萨克自治州发生暴乱，民众冲击伊犁州党政机关，前后有6万多中国公民逃往苏联，是为"伊塔事件"。

虽然某些苏联领事官员滥发"苏联侨民证"的做法在其中起了一定作用，却没有证据证明苏联中央政府蓄意策划或直接介入了此事件。然而，当中国政府向苏方提出遣返非法越境的中国公民的请求时，苏联予以拒绝。中国认为苏联庇护中国越境公民的做法完全摒弃了与兄弟国家打交道的原则，而且，这些中国难民事后由苏联按军事建制编成5个团，归属苏联安全部队，这使中国领导人不由担忧起边境安全问题。

---

① 日后中国媒体经常宣传"苏联逼债"造成中国国民经济巨大损失等等，主要是为了推卸国家经济政策失误的责任并激起民众对苏修的愤恨，与事实大不相符。

《国防新技术合作协定》的废除

令人惊讶的是,"伊塔事件"发生后,一年半以前中苏关系中的种种纠结又一个个重复涌现出来。8 月 25 日,苏联政府向中国递交一份备忘录,表示苏联已同意美国提出的签订一项防止核扩散协定的建议,协定将包括核大国不把核武器及其技术情报转交给无核国家;无核国家则不生产也不向核大国索取这类武器,不接受核武器生产所需的技术情报。据此,苏联声明它将无法继续执行 1957 年的中苏《国防新技术合作协定》。赫鲁晓夫这种出尔反尔的行为,再次令中国领导人愤怒,中国政府在 10 月 20 日答复苏联的备忘录中声明,"如果帝国主义没有真正全面禁止核武器,中国绝对不会承担不生产核武器的国际义务",同时要求苏联不得代替中国承担任何国际义务。

苏联在中印战争中的首鼠两端

更令中国方面寒心的是苏联在中印边界问题上对中国毫无诚信的处置方式。当 1962 年夏中印边境局势再度趋向紧张之时,苏联不顾中国的反对,于 8 月份向印度提供大型运输机和米格- 21 战斗机,且向中国诡辩称"没多少,几架而已,你们打得过"。

到 1962 年 10 月,美苏之间的古巴导弹危机日趋激烈,为了换取中国的大力支持,赫鲁晓夫于 10 月 14 日当面向即将离任的中国驻苏大使刘晓表示:在中印边界争端上,苏联是站在中国一边的;如果不幸发生反对中国的战争,苏联将同中国站在一起。在中国发动对印度自卫反击战之后,苏联《真理报》(Прáвда)还在 10 月 25 日发表社论,明确声明支持中国提出的和平谈判建议,并指出"臭名昭著的麦克马洪线"从来都没有得到中国的承认。

然而,10 月 28 日古巴导弹危机宣告结束,苏联在中印边界问题上的态度发生了改变。《真理报》于 11 月 5 日发表题为"谈判是解决冲突的途径"的社论,主张中印双方停火。这篇社论不像 10 月 25 日的社论那样敦促印度接受中国的条件作为开始谈判解决问题的基础;也没有再重复麦克马洪线是无效的那种断言。这种突然退回"中立"的姿态,实属实用主义式的背信弃义,在中国后背上狠狠捅了一刀。

中苏矛盾的性质变化

正是从此刻起,中国对苏联和赫鲁晓夫的认识发生了根本性的转变。如果说此前中共只是把赫鲁晓夫看作"半修正主义者",把中苏矛盾看作社会主义阵营内部的分歧和争执,并试图将赫鲁晓夫带回到马克思列宁主义正确轨道,那么,此后中共便将赫鲁晓夫看作完全的修正主义者,是叛徒、资产阶级的代言人,中苏矛盾已转变为修正主义和马列主义、资产阶级和无产阶级之间不可调和的敌对冲突。

此外,1962年年末,中国已渡过了"自然灾害"最危急的关头,国民经济开始出现逐步复苏的迹象,中共领导人再也不愿继续此前出于经济因素考虑采取的对赫鲁晓夫忍气吞声的政策。再者,在社会主义阵营内部,赫鲁晓夫颐指气使的态度和种种政策失误引起了一些国家共产党的不满和反感,中共也不再像1960年布加勒斯特会议时那样孤立无援了。因此,毛泽东和中共中央决定全面清算赫鲁晓夫修正主义的罪恶,提出在中苏斗争中要不怕走向边缘,要采取"积极的、主动的、进攻的"而不是"防御、消极、被动"的态势,用革命的、马列主义的两手政策对付反革命的、修正主义的两手政策。

二、大论战

"九评"的出台

中共的反击还是从意识形态斗争入手。1962年12月至1963年3月间,中共在《人民日报》和《红旗》杂志上发表了一系列文章,对苏共的思想纲领进行了全面的批评,这些文章引经据典、笔锋凌厉、气势如虹,在社会主义阵营内激起了巨大反响。赫鲁晓夫和苏共中央大感恐慌,仓促应战,发表一些文章反驳中共的观点。1963年2月21日,苏共中央致函中共中央,建议两党停止论战,举行会谈,共同筹备召开兄弟党国际会议来解决分歧。3月30日,苏共中央又公开发表致中共中央的复信,阐述苏共纲领的正确性并坚持它应该是国际共运总路线的指导原则。中共中央于6月14日复函苏共中央,并以"关于国际共产主义运动总路线的建议"为题在《人民日报》上予以发表。

7月5日—7月20日,邓小平率中共代表团在莫斯科与以苏斯洛夫(Михаил Андреевич Суслов)为首的苏共代表团进行两党会谈,试图解决分歧,但未能达成任何协议。中苏论战发展到这样的地步,中共已不能再接受将苏共的纲领确定为国际共运的总路线。而赫鲁晓夫一方也清楚地认识到,毛泽东此举的目的就在于夺取国际共产主义运动的领导权,对此自己和苏共没有任何退让余地,必须予以坚决抵制。

在中苏两党会谈期间,1963 年 7 月 14 日,苏共中央发表《给苏联各级党组织和全体共产党员的公开信》,对中共中央 6 月 14 日《关于国际共产主义运动总路线的建议》进行了全面的反驳与回击,并对中共和毛泽东做了点名的批评。这一举动是中苏论战的转折点,促使中共也由半公开不指名争论转为指名道姓的批评,将中苏论战推向顶点和高潮。从 1963 年 9 月 6 日到 1964 年 7月 14 日,毛泽东亲自主持撰写了 9 篇评论苏共中央《公开信》的文章,指名批判赫鲁晓夫的修正主义,这就是著名的"九评"。

受时代背景和认识水平的局限,这场旷日持久的"中苏大论战"的论战双方孰是孰非,很难判定,正如当事人之一邓小平日后坦言的那样,"现在我们也不认为自己当时说的都是对的","双方都讲了许多空话"。但在有关意识形态问题的争论背后有着一个更实在的问题,即如何处理社会主义阵营内各国共产党和国家之间的相互关系模式问题。中国领导人实际上是通过意识形态争论发泄对赫鲁晓夫自封"老子党"、挥舞"指挥棒"做派的积年愤恨。也正因为如此,由社会主义阵营内部意识形态争论发展到组织上的分裂便是一个顺理成章的结局。1964 年 2 月,苏共领导人苏斯洛夫在苏共中央全会上公开宣称中共是"国际共产主义运动团结的主要危险",因此要"召开兄弟党会议来解决中苏分歧"。

1964 年周恩来的莫斯科之行

1964 年 10 月 14 日,以勃列日涅夫(Леони́д Ильи́ч Бре́жнев)为首的苏共领导人发动"政变",罢免了赫鲁晓夫的一切党政职务。新一代苏联领导人废黜赫鲁晓夫的理由是他独断专行,信口开河,政策多变,甚至还包括他不注意个人形象,有损苏联国家威严,以致苏联陷入内外交困的境地。中苏关系的恶化自然也成为赫鲁晓夫的一大罪状。

中共领导人马上注意到这一动向,决定抓住机会,与苏共新一代领导集体达成和解,修复岌岌可危的中苏关系,故派周恩来总理和贺龙元帅率代表团前赴莫斯科,出席 1964 年的十月革命庆典。中共对此次中苏和解的机会寄予厚望,但却遭遇了意想不到的挫折。

在 11 月 7 日晚苏联政府举行的庆祝酒会上,苏联国防部长马利诺夫斯基元帅(Родион Яковлевич Малиновский)借着酒劲先后对周恩来总理和贺龙元帅说:"俄国人民要幸福,中国人民也要幸福,我们不要任何毛泽东,不要任何赫鲁晓夫来妨碍我们的关系";"我们俄国人搞掉了赫鲁晓夫,你们也要搞掉毛泽东",这令中国代表团成员大为震惊和愤慨。从性质上来说,这种言论是干涉中国党和国家内部事务的恶劣行径。

　　周恩来总理意识到问题的严重性，如果不加以严肃回击，将有损中国党和国家的尊严。因此，在第二天与苏联最高领导人的正式会谈中，周总理首先向苏方抗议马利诺夫斯基的挑衅言论，坚持认为马利诺夫斯基不是"酒后失态"，而是"酒后吐真言"。勃列日涅夫、柯西金（Алексе́й Никола́евич Косы́гин）等人坚持将责任完全推到马利诺夫斯基个人头上，矢口否认苏共有任何类似的意图。

图 6 - 1　1964 年 11 月周恩来和贺龙访苏

　　但这个插曲给中苏两党会谈蒙上了阴影，勃列日涅夫等人虽然慑服于周恩来罕见的严厉态度，郑重代表苏共做了道歉，但其内心的不快难以挥去，这多少影响了他们在会谈中的态度。两党会谈从 11 月 8 日持续到 11 月 12 日，未能达成任何协议。勃列日涅夫等人坚持声称，在同中共分歧的问题上，苏共中央是一致的，此前对中共的政策都是集体决定，并非赫鲁晓夫一个人的问题；希望中共方面能做出实质性的行动来解决中苏分歧。苏共新领导人如此坚持赫鲁晓夫的政策，将中苏分歧的责任推给中共一方，暴露出他们其实根本没有改善中苏关系的诚意。马利诺夫斯基元帅在闯下如此大祸之后居然不受任何影响，继续担任国防部长一职直至 1967 年去世，也证明了苏共对中共深深的敌意甚至蔑视。

中苏两党关系的破裂

　　周恩来在意识到勃列日涅夫等人的真实立场之后仍努力挽救危局，他向苏方提出，鉴于中苏两党及与其他兄弟党之间在一些重大问题上一时无法达成协议,建议将赫鲁晓夫在位时定下的召开各国共产党代表会议的时间暂时向后推延,以便各方有时间继续努力,争取和解,也避免使正式的会议出现破裂。但即便是这样一个着眼于团结的合理请求,也被苏方予以拒绝。

鉴于苏共方面的强硬立场,中共中央决定不派代表出席 1965 年 3 月在莫斯科召开的各国共产党磋商会晤,同时拒绝参加会议的还有朝鲜、越南、印尼、日本、罗马尼亚和阿尔巴尼亚六国共产党。到 1966 年 2 月,中共又拒绝按惯例派代表列席苏共二十三大,至此,中苏两党关系完全破裂。

三、中苏边界问题

中苏边界的未确定

从中苏关系出现冷淡时起,中苏边境也一改原先和平安宁的局面,发生了一些小规模的冲突。1960 年 8 月在新疆博孜艾格尔山口发生中苏边界纠纷,中国政府于当月向苏联方面提议举行中苏边界问题谈判,但一直遭到苏联的拒绝和拖延。

苏联方面声称中苏之间不存在边界问题,无须谈判。从法律上来说,苏联的说法是没有依据的。中华人民共和国建国时就宣布新中国将对以往历届旧中国政府签订的对外协定和条约"加以审查,按其内容,分别予以承认,或废除,或修改,或重订",而中苏之间还从未进行过条约审查。且不说中国的立场,就从苏联一方面来说,1920 年 9 月,列宁代表苏联政府发表第二次《对华声明》,明确宣布:"以前俄国历届政府同中国定立的一切条约全部无效,放弃以前夺取中国的一切领土和中国境内的一切俄国租界,并将沙俄政府和俄国资本家阶级从中国夺得的一切,都无偿地永久归还中国。"

苏联政府的这些行动,固然是当时为了争取中国、冲破帝国主义对苏维埃政权封锁而采取的一种权宜之计,并非自愿归还从中国掠夺的领土,斯大林当政后苏联就逐渐撤回了列宁的承诺。但是,列宁的对华声明至少可以证明苏联从法律上放弃了俄国原有的条约权利。1924 年 5 月,苏联政府与中国北洋政府签订《中俄解决悬案大纲协定》,规定中苏重新划定边界;1926—1927 年间,中苏之间也的确进行了边界问题的谈判,但后因北洋政府的垮台而终结,没有达成任何协议;至新中国建立后,《中苏友好同盟互助条约》也并未涉及边界问题。由于中苏之间的友好关系和边界的和平状态,边界问题一直被双方搁置，这是情有可原的，但这并不表明中苏边界不存在问题。当1960年中苏边界出现纠纷时，解决边界问题就显得很有必要了。因此，1960年后中国关于举行边界谈判的建议是合理合法的。

中苏边界谈判

1962年下半年中苏关系再度开始恶化，中国政府要求解决中苏边界问题的呼声也越来越强烈，赫鲁晓夫不得不放弃原先一意回避的立场。1964年2月，中苏双方开始在北京举行外交部副部长级的边界谈判，但苏联方面依然坚持把谈判称作"核定个别地段边界线走向的磋商"。

在当时中苏两党大论战如火如荼的大环境下，谈判的艰难是可想而知的，因此很快就因谈判依据问题陷入了僵局。中方提出，尽管有关目前中苏边界的条约是沙俄在中俄两国人民处于无权地位的情况下强加给中国的不平等条约，但中国政府从无产阶级国际主义原则和加强中苏两国人民友谊的愿望出发，仍准备以这些条约为基础合理解决边界问题。但中国要求苏联能在新的边界条约中承认沙俄与晚清政府签订的诸项条约（1858年的《瑷珲条约》、1860年的《北京条约》、1864年的《勘分西北界约记》、1881年的《伊犁条约》等）是不平等条约。

中国方面认为，自己愿意让苏联确保那么多的既得利益，给了苏联"里子"，只要求苏联还给中国一点"面子"而已，实属合理要求。但苏联方面却予以坚决拒绝。赫鲁晓夫认为这是中国给苏联设置的一个圈套，苏方如果承认了以往条约的不平等性，这些条约就成为无效条约，等于赋予了北京这样一种权利，即在未来任何时候都可以提出要求，让莫斯科把150多万平方公里的土地归还中国；任何主权国家都不能签订这样的条约。

尽管在条约依据这类重大问题上争执不下，中苏谈判代表还是努力摆脱意识形态论战的干扰，在中苏东段边界的绝大部分走向上达成了一致意见。19世纪中叶，沙俄不顾边界线划分的国际惯例，肆意欺凌中国，1860年中俄《北京条约》所附的边界地图完全由俄方人员绘制，根据这份地图，中俄边界线竟划在黑龙江、乌苏里江中国一侧的江岸。到1964年6月底，中苏双方同意按国际惯例，在以黑龙江、乌苏里江为界的地段（黑瞎子岛除外），以两江的主航道中心线为界；中国一侧的400多个争议岛屿（包括珍宝岛）以及约600平方公里的争议水面划归中国。但是，由于赫鲁晓夫的阻止，双方未能签订任何书面协议，而这次谈判也因一些偶发事件的干扰草草中断。

四、中苏边境冲突

中苏边境局势

　　赫鲁晓夫下台前夕的这番武力恫吓颇让中国方面吃惊,解放军总参谋部很快派遣战役勘察组对华北、东北和西北地区的一些重要地段进行实地勘察以预防苏联的进攻。但实际上,在赫鲁晓夫时期,苏联在中苏边界问题上还是比较克制的,中苏边境地区也基本保持稳定,苏联在漫长的中苏、中蒙边界地区只驻扎了十几个师的象征性边防军,其原因之一则是赫鲁晓夫当政时大力裁军的政策致使苏联常规部队的数量大大减少。

　　但勃列日涅夫上台后,为安抚日益不满的苏联军方人士,苏联当局采纳马利诺夫斯基等人提出的"平衡发展核武与传统武器作战"的国防理念,一改赫鲁晓夫的"裁军"政策为"扩军"政策,其常规部队规模急剧扩大。在中苏、中蒙边境上,苏联也不断增兵[1],到20世纪70年代初部署了54个师近100万人的大军,且配备先进的进攻性武器,包括其全部导弹的三分之一,并经常举行明显针对中国的各种军事演习,造成中苏边境局势的日益紧张。苏军战略军团的作战纵深可达700余公里,可直接攻击北京,其部署在其国土纵深的洲际导弹和靠前部署的中程导弹可以攻击中国全境;部署在远东战区的远程航空兵如从中国"三北"方向入袭,作战半径可达长江一线。为应对苏联的军事威胁,中国方面也被迫在中苏、中蒙边境地区部署重兵,以防不测。因此,从1965年开始,已经恶化的中苏关系逐渐发展为武装对峙。

苏联扩张势头的增强

　　1964年8月,美国开始对越南进行大规模军事干涉,随后陷入越南战争的泥潭不能自拔,这给了它的头号对手苏联以极大的行动自由。此后苏联大力整军备武,加大扩张势头,首先是强化对东欧社会主义国家的控制,巩固在欧洲的阵地,当东欧国家出现任何不顺从意向时,苏联毫不犹豫地予以遏制。最典型的事例就是1968年8月苏联派军队迅速扑灭捷克斯洛伐克国内被称

---

　　① 由于中苏同盟关系,20世纪50年代中苏驻军陆续撤离了中蒙边境。至1966年1月,苏联与蒙古人民共和国签订含有军事同盟性质的友好条约,随后苏联派遣重兵重新进驻中蒙边境。

为"布拉格之春"的改革倾向。这种公然践踏国际行为准则、入侵一个主权国家的霸权主义行径，令全世界为之瞠目：社会主义国家苏联居然也像美帝国主义一样在国际上肆无忌惮。勃列日涅夫随后宣扬"有限主权论"，即社会主义大家庭的利益是至高无上的主权，而各社会主义国家的主权则是有限的。

图 6－2　1968 年 8 月"布拉格之春"

中苏对峙的激化

1964 年 10 月 16 日，即勃列日涅夫上台之后第三天，中国成功研制了第一颗原子弹，此后又表现出日趋强烈的反苏情绪；1967 年 6 月，中国试制成功第一颗氢弹，这些不免使苏联感到焦虑，勃列日涅夫决定采取高压对抗的姿态以图震慑中国，这是中苏边界局势越来越紧张的原因之一。

而在中国一方，毛泽东在国内发动旨在"防止修正主义在中国出现"的"文化大革命"，出于政治感召的需要，在国际上自然也要加大与苏联修正主义的对抗力度。中苏之间的武装对峙，令中国领导人感受到巨大的国家安全压力，而在 1968 年捷克斯洛伐克事件之后，毛泽东更是越来越担忧苏联入侵的威胁，遂决定在边境地区采取更加强硬的姿态来对抗这种威胁。

勃列日涅夫上台后，中苏边境冲突愈益频繁，1965—1969 年间达 4 千多起，是 1960—1964 年间的 15 倍，不过大多数冲突只是一些使用棍棒器械、发生对骂、推搡等动作的群体性斗殴，很少有射击和死亡。但在 1968 年 10 月以后，冲突的烈度陡增，零星的枪击和流血事件时有发生，珍宝岛成为边界冲突的一个焦点地区。

珍宝岛冲突

珍宝岛是乌苏里江上一个面积不到 1 平方公里的小岛,靠近中国一侧的江岸,在乌苏里江每年 5 个月的冰冻期里与陆地连在一起。自 1947 年起,苏军开始在该岛巡逻,但根据 1964 年中苏边界谈判达成的口头协议,该岛归属中国,因此中国边防军也在该岛执行巡逻任务,中苏巡逻队之间便时时发生冲突。

1968 年 12 月 27 日,1969 年 1 月 4 日、1 月 6 日、1 月 23 日、2 月 6 日至 25 日,苏联边防军在珍宝岛地段多次袭击中国军队士兵和渔民,打伤多人。至 1969 年 3 月,大规模的武装冲突终于爆发。3 月 2 日,一支苏军巡逻队再一次侵入珍宝岛,遭到严阵以待的中国边防军的痛击,双方交战一个多小时,苏军 31 人战死、14 人受伤,仓皇撤离。苏军不甘心失败,决定进行报复,3 月 15 日,苏军出动几百人的部队和几十辆坦克、装甲车,在火炮射击掩护下进攻珍宝岛中国守军,从凌晨到下午交战长达 9 个多小时,苏军最终被击退。3 月 17 日,苏军出动 70 余人进犯,试图抢回前一次战斗中被击毁而陷入冰层的一辆 T—62 主战坦克,再次被击退。中国边防军在武器装备大大落后的情况下,依靠地理优势和英勇顽强的作战精神,以阵亡 68 人的代价,击毙苏军 152 人,击伤数百人,保卫了国家领土。

图 6-3　珍宝岛鸟瞰

中苏全面战争危机

珍宝岛冲突不存在哪一方主动挑战的问题,因为双方军队之间的冲突在 3 个月之前就开始了。中国军队是在自己的领土上击退入侵者,属于保卫国家的正义行动。

此外，1969 年 4 月中共九大召开在即，中共领导人需要用坚决反对苏联修正主义的实际行动来鼓舞士气，保证九大在团结一致的气氛中顺利进行。还有评论家认为，苏联给中国国家安全造成的巨大压力，促使毛泽东认定苏联社会帝国主义已取代了美帝国主义的位置，成为中国的头号敌人。因此，不排斥毛泽东已开始酝酿对外战略的调整，试图通过暴露中苏关系的危机来探寻联美抗苏的可能性。

珍宝岛冲突使中苏两国边境局势急剧紧张，呈现出全面战争一触即发之势，这对苏联方面造成了巨大的震动。苏联领导人首先想摸清中国方面的底线，便意图动用两国最高领导人之间久未使用的热线电话，由于种种原因，中苏双方未能实现直接通话。

铁列克提事件

此后中国政府向苏联驻华使馆表示只能通过外交途径联系，并对苏联提出的恢复 1964 年边界谈判的建议采取拖延答复的策略，在公开场合则一再发布措辞强硬的声明，抗议苏联在中苏边境地区的侵略行为。中国的态度令苏联领导层内部的强硬派占据上风，他们决心对中国采取报复措施。按苏联军方人士的说法，苏军在远东没有好的部队，很难占便宜，因此苏联决定在他们拥有地理优势的中亚展开行动。

1969 年 6 月，苏联专门从其土耳其斯坦军区划出一块辖区，成立独立的中亚军区，意在统筹对中国的军事行动。此后苏军在中苏边境多处越过实际控制线进入中国境内，私设界碑，构筑工事，蚕食中国领土，并时常出动武装直升机干扰我边境农牧民的生产活动。8 月 13 日，一支 38 人的中国边防军巡逻队执行常规任务，行进到新疆塔城地区裕民县铁列克提时，遭遇 300 多名苏军的伏击，交战 4 个小时，中方巡逻队除一人伤重被俘外全部壮烈牺牲，赶来增援的中国边防军也有多人伤亡。

五、中苏战争危机的缓解

苏联的核打击图谋

铁列克提事件后中苏对峙局势更趋白热化。苏联领导层内以国防部长安德烈·格列奇科（Андрей Антонович Гречко）为代表的一些强硬派竟考虑对中国核武器设施进行"外科手术式"核打击。8月20日,苏联驻美大使多勃雷宁(Анатолий Фёдорович Добрынин)奉命在华盛顿紧急约见美国总统国家安全事务助理基辛格博士(Dr. Henry Alfred Kissinger),向他通报了苏联准备对中国实施核打击的意图,并征求美方的意见,争取得到美国的合作或至少是中立。

美国政府拒绝考虑苏联的建议,并故意泄露机密,授意媒体报道此事。中国在获悉苏联的图谋之后没有表现出惊慌失措,相反是以积极的备战姿态应对。1969年8月27日,中共中央转发了军委办事组《关于加强全国人民防空工作的报告》,成立了以周恩来为组长的"中国人民防空工作领导小组",在全国各地特别是大中城市普遍大规模地构筑各种防空掩体。这场声势浩大的"深挖洞广积粮"、"备战备荒"的全国性群众运动,显示出中国人民面对苏联核战争威胁不屈不挠的抵抗决心。

中国的不屈服姿态

苏联当局即使有对中国实施重点打击的意图,也没有对中国发动全面战争的战略计划,而苏联领导层内柯西金、安德罗波夫(Юрий Владимирович Андропов)等人也反对苏联军方首领继续扩大事态的图谋。在铁列克提报复成功之后,苏联当局力图与中国领导人展开对话以缓和边境局势。其时,苏联在军事力量方面具有压倒优势,且两次大规模边界冲突都是在中国境内进行,中国在中苏对峙中显然处于弱势一方。也正因为如此,中国方面更是表现出不畏强暴、不作退让的姿态,拒绝与苏联最高层直接对话。事态陷入某种僵局。柯西金在万般无奈之时突然遇到一个与中国领导人见面的难得机会。

1969年9月2日,中苏两党共同的朋友越南领导人胡志明在河内去世,柯西金断定中国必然是由周恩来总理出席胡志明的葬礼。然而,中国方面却似乎有意回避中苏两国总理的会面。柯西金于9月6日抵达河内之时便得知,周总理已于9月4日前来吊唁过胡志明的灵柩并于当日返回,中国另派国务院副总理李先念率中国党政代表团参加9月9日的胡志明葬礼。柯西金大感失望,而中国悼念代表团也接到指示,不得与苏联人进行任何接触和交谈。会后李先念对柯西金通过越南方面转达的顺道访问北京的请求迟迟不予作答。直到9月10日晚间,中国外交部才召见苏联驻北京临时代办,正式通知苏方,周恩来总理同意在北京机场同柯西金部长会议主席会晤。苏联临时代办立即汇报莫斯科,此时柯西金的专机已飞抵苏联塔吉克加盟共和国首府杜尚别(Душанбе)。柯西金颇有点喜出望外,第二天一早便乘专机飞往北京。

中国方面对柯西金要求前赴北京会见中国领导人的请求迟迟不予答复,致使柯西金来回折腾,个中原因,据称是由于越南外交部有关当事人的延误。不管怎么说,事态如此进展客观上产生了一些效果,显得中国领导人不惧怕继续对抗,对与苏联高层人物当面会谈并不十分在意;而柯西金对失而复得的与周恩来会晤的机会则倍感珍惜,急切希望在会晤中取得成效。

北京机场会见

9月11日上午,柯西金一行抵达北京机场,周恩来在机场会客室设便宴招待并与柯西金进行了数小时的会谈。柯西金一见面就向周恩来声明苏联领导人绝不愿意为领土问题打仗,周恩来总理也立即向柯西金说明了中方的原则立场,并严肃指出,理论和原则问题的争论不应影响两国的国家关系。

两国总理最后达成了几点临时措施协议:(1)中苏之间的原则争论不应该妨碍两国国家关系的正常化;(2)两国不应为边界问题打仗,应通过和平谈判解决;(3)边界问题解决前,应该首先签订关于维持边界现状、防止武装冲突、双方武装力量在边界争议地区脱离接触的协议;(4)同意恢复互派大使,重新发展双边贸易;(5)在不受任何威胁的情况下举行中苏边界谈判。

图 6-4　周恩来与柯西金的北京机场会见,1969 年 9 月 11 日

中苏两国领导人在北京机场会见中相互交底,表达了两国都不想开战的意愿,这犹如一个紧急制动闸,制止了中苏战争危机进一步升级。根据北京机场会谈的精神,1969 年 10 月 19 日,苏联副外长库兹涅佐夫(Василий Васильевич Кузнецов)抵达北京,与中国副外长乔冠华举行两国副外长级的边界问题谈判。这次会谈一直持续到 1978 年 7 月,无果而终,但周恩来总理努力通过这一谈判途径来缓和中苏间的紧张气氛,他直接过问谈判事宜,指示

对苏方代表的生活起居给予细心关照,并在 1970 年 5 月 20 日邀请库兹涅佐夫登上天安门城楼参加声讨美帝国主义入侵柬埔寨的群众大会。

"一号命令"

尽管中苏之间的战争危机暂时消除,但相互间的武装对峙局势并没有得到缓解,中苏双方没有彻底达成互不侵犯的谅解和信任,故都未减少在边境地区的军队数量,相反是继续加强部署。

在中国,已经展开的备战运动丝毫没有松懈,以林彪为首的中国军方代表大力渲染苏联入侵的危险,并依据这一形势做全国性的军事战略调整,实行"紧急战备"疏散。1969 年 9 月 30 日,林彪建议让朱德、聂荣臻、徐向前等老帅撤离北京,坐镇京广线各交通枢纽;至 1969 年 10 月 18 日,林彪在事先未请示毛泽东和其他国家领导人的情况下,以中共中央副主席、中央军委副主席和国防部长的身份,发布了"林副主席一号命令",调动全军进入战备状态。

附录

本章大事年表

1960 年

9 月 1 日	苏联撤回全部在华专家
11 月	刘少奇访问苏联,中苏关系有所缓解

1961 年

4 月 12 日	苏联宇航员加加林乘坐"东方号"宇宙飞船环游太空
8 月	柏林墙建立,第三次柏林危机爆发

1962 年

5 月—6 月	伊塔事件
8 月 25 日	苏联宣布废除中苏《国防新技术合作协定》
10 月	古巴导弹危机
10 月 14 日	赫鲁晓夫明确表示支持中国在中印边界问题上的立场
10 月 20 日	中国对印度自卫反击战打响

10 月 25 日	苏联《真理报》发文支持中国在中印边界问题上的立场
10 月 28 日	古巴导弹危机结束
11 月 5 日	苏联对中印边界战争表示中立立场
12 月	中苏"大论战"开始

1963 年

3 月 30 日	苏共中央致中共中央公开信
6 月 14 日	中共中央致苏共中央公开信
7 月 5 日 —7 月 20 日	邓小平访苏，中苏两党莫斯科会谈
9 月 6 日 —1964 年 7 月 14 日	中国发表"九评"社论

1964 年

2 月—8 月	中苏边界谈判在北京举行
7 月 10 日	毛泽东公开表示支持日本收复"北方四岛"
10 月 14 日	赫鲁晓夫下台
10 月 16 日	中国第一颗原子弹成功爆炸
11 月 5 日—12 日	周恩来访苏，中苏两党会谈
1965 年 3 月	中共缺席莫斯科各国共产党人会议
1966 年 2 月	中共中央打破惯例，不派代表团列席苏共二十三大
1967 年 6 月 17 日	中国研制成功氢弹
1968 年 8 月	"布拉格之春"

1969 年

3 月 2 日—17 日	中苏珍宝岛冲突
4 月 1 日—24 日	中共九大
6 月	苏联成立独立的中亚军区
8 月 13 日	铁列克提事件
8 月 20 日	苏联向美国提出"外科手术式"核打击试探
8 月 27 日	中国人民防空工作领导小组成立
9 月 2 日	越南领导人胡志明逝世
9 月 11 日	北京机场会见
10 月 18 日	林彪发布"一号命令"

10 月 19 日　　　　　　　中苏边界谈判在北京举行

重要知识点

"撤走专家"事件　　伊塔事件　　大论战　　中苏两党会谈　　"九评"
1965 年各国共产党和工人党会议　　勃列日涅夫　　"布拉格之春"
"有限主权论"　　珍宝岛事件　　铁列克提事件　　北京机场会见
"备战备荒"　　"一号命令"

思考题

1. 中苏边界问题的症结。
2. 珍宝岛事件的起因和意义。
3. 国内政治与对外政策之间的相互关系。

延伸阅读

［苏联］奥·鲍·鲍里索夫、鲍·特·科洛斯著:《苏中关系,1945—1980》,肖东川、谭实译,三联书店,1982 年,第 6—8 章。

［苏联］赫鲁晓夫著:《最后的遗言　赫鲁晓夫回忆录续集(上卷)》,李文政等译,中国广播电视出版社,1988 年,第 12—20 章。

沈志华主编:《中苏关系史纲(1917—1991)》,社会科学文献出版社,2011 年,第 3 篇。

李赵然著:《中苏外交亲历记:李越然回忆录》,世界知识出版社,2001 年,第 198—242 页。

陈志斌、孙晓著:《冰点下的对峙——1962—1969 中苏边界之战实录》,国际文化出版公司,1992 年。

蒲国良著:《走向冰点:中苏大论战与 1956—1965 年的中苏关系》,国际文化出版公司,2000 年,第 120—286 页。

何明编著:《中苏关系重大事件述实》,人民出版社,2007 年,第 18—20 章。

［英］彼得·琼斯、西安·凯维尔:《中苏关系内幕纪实(1949—1984)》,郭学德等译,中国经济出版社,1994 年,第 4—8 章。

［美］A. D. 洛乌著:《龙与熊:中苏争端始末》,南生等译,兵器工业出版社,

1989 年。

吴冷西著:《十年论战:1956—1966》,中央文献出版社,1999 年。

王奇编著:《二战后中苏(中俄)关系的演变与发展》,清华大学出版社,2000 年,第 4—6 章。

第七章　中印关系的曲折历程

　　自新中国建立时起,中国与印度一直保持着友好关系,这种关系超越一般的友邦关系,20世纪50年代两国都喊出了"中印两国是兄弟"的口号。作为一个新独立的前殖民地国家,印度有着很大的抱负,它反对美国的霸权扩张政策,采取"不结盟"的对外政策方针,号召第三世界国家团结一致,力争超越美苏冷战的两极格局,在国际舞台上发挥独立的影响。这些政策大多与新中国的和平外交目标相吻合。而且,印度在各种国际外交场合不遗余力地支持中华人民共和国,帮助新中国扩展在亚非新兴国家中的影响。

　　但是,随着印度国际地位和影响力的日益提高,以尼赫鲁为首的印度统治集团也萌生出更大的野心,其民族主义情绪过度膨胀,向干涉主义倾向发展。尼赫鲁一再宣言印度作为亚洲"民主的橱窗",在亚洲担负着神圣的使命,尤其是在南亚,印度把"印度次大陆"定义为"印度的次大陆",立意在这一地区发挥主导作用。随着这一趋势的发展,印度与中国之间的矛盾逐渐涌现出来。

一、西藏问题

英印在西藏特权的由来

　　中印矛盾首先出现在西藏问题上。西藏是中国的一个组成部分,这是全世界各国政府公认的事实。从19世纪下半叶到二战期间,英国殖民当局对西藏进行了一系列的渗透。1903—1904年,荣赫鹏(Sir Francis Younghusband)奉命率英军入侵西藏,占领首府拉萨,胁迫西藏地方当局签订了《拉萨条约》。1908年,清廷川滇边务大臣兼驻藏大臣赵尔丰派军进藏对抗英国侵略军,大为成功,但到1911年,英国侵略者趁中国发生辛亥革命之机发动"阿波尔远征"(Abor Expedition),再次大肆入侵西藏,支持达赖十三世控制西藏局势,此后西藏便逐渐成为英国殖民当局严密控制的势力范围。英印殖民当局在西藏的亚东、江孜等交通要地驻扎军队,在其他一些地方派驻5个商务代表处,经营邮政、电报、电话等事务。1947年印度独立之后,自然继承了英国殖民当局在西藏拥有的这些特权。

1954 年中印协议

新中国建立后,印度要求继续保留在西藏的特权。在中国人民解放军进军西藏之时,印度政府曾给予西藏地方当局武器支持,鼓励藏军进行抵抗,但归于失败。1951年5月,西藏地区代表在北京与中央政府签订"十七条协议",即《中央人民政府和西藏地方政府关于和平解放西藏办法的协议》,宣告西藏的和平解放。

此后,中国政府原则上主张废除印度从英印当局继承的本质上属于殖民主义性质的特权,但在具体做法上采取适当步骤,对于不损害中国国家主权而又合乎西藏实际需要的惯例,允许印度在平等互惠的基础上予以保留,这体现在1954年4月中印签订的《关于中国西藏地方和印度之间的通商和交通协定》中。根据该协定,印度从西藏撤出其武装卫队,将全部驿站、邮政、电报、电话等企业、设备交给中国政府;印度保留在亚东和江孜的商务代理处,中国则在印度的新德里和加尔各答设立商务代理处。

达赖十四世滞留事件

1954年的中印协定似乎解决了两国在西藏的历史遗留问题。但是,印度一些极端的民族主义分子总是念念不忘过去在西藏的影响力,他们中的一些人总想利用印藏之间的某些宗教和文化渊源来谋求更多的利益,并试图挑拨西藏与中国中央政府之间的关系,甚至有人企图否认中国对西藏的完全主权,这致使事态越来越复杂。

1956年11月下旬,西藏宗教领袖达赖十四世和班禅十世应邀赴印度新德里参加佛祖释迦牟尼涅槃2 500周年纪念大会,印度政府内外一些势力在美国中央情报局人员的指使下趁机大做文章。印度方面在住房、乘车、招待等接待规格上刻意抬高达赖喇嘛,降低班禅喇嘛的地位;佛教大会会场不挂中国国旗而挂西藏的"雪山狮子旗",会议内外和媒体报道全然不提中印两国的友好关系,反而大肆渲染印度、西藏"两国"的友好关系。

此外,他们还安排已先期聚集在印度噶伦堡(Kalimpong)的"藏独"分子(内中有达赖喇嘛的两个哥哥)与达赖喇嘛频频接触,诱劝达赖加入"藏独"行列。甚至印度总理尼赫鲁也在与达赖的会晤中给后者鼓气。尼赫鲁称虽然印度与中国签订协议承认西藏属于中国,但如果中国超出协议范围,西藏有困难时,印度将帮助西藏。年轻的达赖喇嘛毫无主见,受这些小动作的影响,竟在会议结束后向中央提出不想返回西藏。

达赖喇嘛滞留印度,将给已经出现动荡的西藏局势带来危险的后果,周恩来总理急忙于 11 月 28 日亲赴印度,三次会见达赖喇嘛,以推心置腹的劝诫打消了他的顾虑和叛逃念头。周恩来同时向尼赫鲁做严正交涉,终于使达赖喇嘛于 1957 年 2 月返回了西藏。这次前后持续三个月的"策反"风波虽然未能得逞,但增强了美国情报机构和印度反华分子的信心,他们继续暗中策划和支持"藏独"阴谋。

印度对西藏叛乱的支持

1959 年 3 月,西藏上层贵族公开发动武装叛乱,国际反华势力的气焰更加高涨,印度政府内外发出一片支持"藏独"势力的强烈呼声,有人公然否认中国对西藏的主权,谴责中国中央政府镇压叛乱的行动,叫嚷要将西藏问题提交联合国,并称印度作为英国在西藏"垄断权利的继承者"对西藏事态负有不可推卸的责任云云。

在 3 月中旬到 4 月初的多次公开讲话中,尼赫鲁悲天悯人地称他"同情"西藏叛乱分子,将中国政府行使主权职责镇压国内叛乱的正当举动说成"武装干涉",并称中国的行动"没有遵守对印度提出的保证",等等。尼赫鲁还公开接见逃往印度的西藏叛乱分子代表团和达赖喇嘛本人,安置他们在印度北方小城达兰萨拉(Dharmsāla)盘踞下来。

面对印度干涉主义倾向的加剧,中国政府进行了必要的回击。1959 年 4 月,中国政府多次发表声明,严正指出平定西藏叛乱完全是中国的内政,不容许任何外国说三道四,中国对印度方面干涉中国内政的言行表示遗憾。中国方面公开表达强烈不满,令尼赫鲁有所清醒,1959 年 6 月 8 日,尼赫鲁在印度议会上发表声明,重申印度承认西藏是中国不可分割的组成部分,印度不奉行敌视中国的政策。印度执政的国大党也通过决议,表示"切望与中国保持友好关系"。此后印度朝野在西藏问题上的喧嚣慢慢消退。

对西藏问题的不同看法和 1959 年的西藏危机虽然没有导致中印关系破裂,但却使两国曾经亲密无间的友谊冷却下来,中印蜜月期随之告终。

二、中印边界问题

西姆拉会议

中印在边界问题上的争执是印度殖民地时代遗留下来的一个祸根,在当时即为中印关系中严重的隐患,到今天也仍然是制约两国关系发展的一个因素。

英国殖民者趁辛亥革命中国国内动荡之际控制了西藏上层统治集团,在中国内部局势稍稍平稳后,又诱胁北洋政府参加在印度北方小城西姆拉(Simla)举行的英国、中国、西藏地方当局三方会谈。袁世凯政府在确认西藏"噶厦"(即西藏地方当局的名称)代表不与中华民国政府代表享有同等地位的条件下派"西藏议约全权专员"陈贻范赴会。西姆拉会议于 1913 年 10 月到 1914 年 7 月举行,英方代表、英属印度殖民政府外交政务秘书麦克马洪(Sir Henry McMahon)在会议上采取种种软硬兼施的卑劣手段,企图迫使中国方面同意将西藏分割成"内藏""外藏"两部分,"外藏"完全自治,中国中央政府不得派兵驻扎西藏等屈辱协议,遭到陈贻范不坚定的抵制。

最后议定的《西姆拉条约》(Simla Accord)草案虽然规定了"中英双方承认中国对西藏的宗主权并承认外藏进行自治","中国可派员驻扎西藏并带 300 人以内卫队"等条款,但也规定了"中国承诺不向外藏派驻军队和文武官员,并且不在外藏建立殖民地",等等,这为英国日后进一步分裂中国西藏的图谋埋下了伏笔。陈贻范在草案上签了字,但声明只是草签,没有正式法律效

图 7-1 西姆拉会议,1913—1914 年

力。在全中国民众的强烈抗议声中,袁世凯指示陈贻范不得正式签字,并向英国政府声明陈贻范原有签字是其个人行为,中国政府不予承认;嗣后历届中国政府都宣布不承认《西姆拉条约》,也不承认英国与西藏地方当局已经或未来签订的任何协议。

非法的"麦克马洪线"

麦克马洪还背着中国政府代表与西藏噶厦代表伦钦夏扎私下划定了一条中国西藏与印度之间的边界线,将藏东南原属中国的一块约9万平方公里的领土划归印度。英方还试图欺瞒中国政府代表,将英藏私自划界的地图作为附件混入《西姆拉条约》草案文件。但由于整个《西姆拉条约》没有生效,且西藏代表伦钦夏扎根本不具有与英方划界的授权——既没有得到中国中央政府的授权,也没有得到西藏噶厦的授权——因此,这条所谓的"麦克马洪线"完全是非法、无效的界线。麦克马洪本人日后也表示过对图谋未能得逞深感遗憾。即使是以达赖十三世为首的西藏地方政府也从未承认过这条边界线,西藏噶厦一直坚持这条线以南的一些地方如达赖六世仓央嘉措的故乡达旺等地属于西藏,并在1914年之后,仍对该地区行使有效行政管辖。

伪造的《艾奇逊条约集》

事实上,这条边界线在英国也成为一条被遗忘的界线,在此后1929年英国官方出版的《艾奇逊条约集》[①]中虽提及了西姆拉会议,却未收录《西姆拉条约》及其附件。直到1935年,英属印度政府外交和政治事务部副秘书卡罗(Olaf Caroe)才再度提出这条边界线,英国政府遂在1938年出版的《艾奇逊条约集》中收录了这些无效文件,但仍不敢把只有英藏代表而无中方代表签字盖章的边界地图拿出来。

然而,1929年出版的官方条约集并没有收录这些文件,这个事实必然会引起人们这些条约的真实性和合法性的质疑,也将给中国政府提供英方非法划定中印边界的铁证。因此,英国政府决定撒下一个弥天大谎:销毁所有1929年出版的原始的《艾奇逊条约集》第14卷,新出一套伪造的1929年《艾奇逊条约集》第14卷。但天网恢恢疏而不漏,原始的1929年真实文件集剩下

---

① *Collection of Treaties Engagements and Sanads Relating to India and Neighbouring Countries*,因其由英印政府外交部次长艾奇逊(Charles Umpherston Aitchison)主编,故简称 *Aitchison's Collection of Treaties*。

两套没有销毁，其中一套收藏在哈佛大学图书馆，成为英国阴谋的铁证。

其实，英国政府的这番手脚完全是多余的，因为，即使英国在 1929 年就认定《西姆拉条约》及其附件的有效性而收录在官方条约集中，那也只是英国的单方面行为。根据国际规则，在中国历届政府坚持否认其合法性的条件下，这些文件仍是非法、无效的。英国在官方条约集上玩弄的鬼蜮伎俩，反而弄巧成拙，因为它们只能证明英国政府在中印边界划分问题上的心虚。

荒诞的 "约翰逊线"

除了中印边界东段这个由非法的"麦克马洪线"引起的争执外，中印边界的西段也存在纠纷。引发纠纷的缘由是这个地区原本荒芜贫瘠、难以管辖的地理状况和 19 世纪中期测绘技术的落后。

中印之间历来有一条大致以喀喇昆仑山为界的分界线，但双方从未正式确定过。1865 年，英属印度测绘局的一名叫约翰逊（W. H. Johnson）的官员在一次旅行中到达了喀喇昆仑山以北、昆仑山以南中国所辖的阿克赛钦地区，做了一次粗粗考察后返回印度，随后向英印政府提出应将该地划归印度。但他的建议未得到英印政府的采纳。英国殖民当局内一部分人认为占据阿克赛钦或有利于英国抵制俄国势力的南下，但更多的人则认为，夺取这块中国的领土将其并入毗邻的克什米尔土邦，将加强克什米尔土邦王的势力，这无异于火中取栗，因为该邦王公一向对英国殖民当局表现出不驯服的姿态。

因此，英印当局虽然在其 1868 年的地图上擅自将中印之间的"未定国界"划在昆仑山一线（即所谓"约翰逊线"），却从未尝试过占据阿克赛钦及周围地区。相反，中国方面却在平定阿古柏叛乱后加强了对新疆南部的实际管辖。1891—1892 年间，一名叫李源钶的清廷官员奉命踏勘了整个南部边疆地带，在阿克赛钦南线喀喇昆仑山几处山口竖立和埋设了界碑、界牌。故中印边界西段围绕中国新疆阿克赛钦和一部分西藏阿里地区 3 万多平方公里的纠纷纯粹是无中生有的无稽之谈。

印度的边界要求

在整个英国殖民统治时期，无论是在中印边界东段还是西段，英印政府都没有采取多少步骤来有效控制"麦克马洪线"以南和"约翰逊线"以西的地区，英军只是在二战期间占据过麦克马洪线以南一些战略要地。

直到 1950 年，独立不久的印度政府趁中国人民解放军尚未进军西藏之际，派军越过中印边界东段传统习惯线不断向北推进，至朝鲜战争爆发，印度又趁中国全力对抗美国侵略威胁之际全线推进,派军队强行驱赶西藏地方当局委任的行政机构,占据了麦克马洪线以南有争议的全部 9 万多平方公里领土,并于 1954 年成立"东北边境特区"进行管辖,且在其出版的地图上将"麦克马洪线"和"约翰逊线"标注为"已定国界"。印度同时还在中印边界中段派军,占领了约 2 000 平方公里土地。

在 1954 年 4 月中印签订《关于中国西藏地方和印度之间的通商和交通协定》时,双方均回避了边界问题。但印度却认为可以把中国的沉默理解为"默认",以致尼赫鲁日后当面向周总理理直气壮地声称:当你有机会提出异议和要求而未提出时,就意味着你已经放弃了要求。周恩来答称:我们虽然没有提出口头和书面的异议,但是我们出版的地图始终把这些地区画在中国一侧。

三、通往战争之路

1959 年中印边界冲突

中国政府的克制态度被印度理解为软弱可欺。1957 年印度方面从中国的《人民画报》上得悉经过阿克赛钦的新藏公路竣工开通时,竟向中国政府提出毫无道理的抗议。1958 年 12 月,尼赫鲁给周恩来写了一封长信,正式提出了印度在中印边界问题上的立场:"麦克马洪线"以南地区、阿克赛钦地区等均属印度。1959 年 3—4 月西藏叛乱之后,中印边界问题争执更加显现。1959 年 3 月 22 日,尼赫鲁再次致函周恩来,向中国提出领土要求,要求中国予以承认;他同时下令印度军队在边界采取前进措施,试探中国的反应。

1959 年 8 月 25 日,一支印军小分队入侵麦克马洪线以北的中国领土朗久,遭到中国边防军的回击,死伤数人后退出。如果注意一下时间,两天前的 8 月 23 日中国人民解放军福建前线部队发动了金门炮击战,台湾海峡形势陡然激化,就不难看出印度军方在中印边界问题上一贯的乘人之危策略。由于赫鲁晓夫在这次边界冲突发生后采取偏袒印度的立场,印度的气焰更加高涨,遂于 10 月间在中印边界西段的空喀山口再一次挑起冲突。

中国的审慎态度

印度的态度,逼迫中国做出明确的回应,1959 年 9 月和 12 月,周恩来两次复函尼赫鲁,阐明中国对中印边界的基本立场。周恩来的信函提出了几个要点。（1）整个中印边界都未划定，中国政府决不承认非法的"麦克马洪线"，中印两国的 1954 年协定也没有涉及边界问题，因此中印双方有必要通过谈判全面解决边界问题。（2）中印边界虽未正式划定，但双方都承认存在一条"传统习惯线"，即根据双方历来管辖所及而形成的界线；印度的地图所标出的边界线，与"传统习惯线"不符。（3）针对印度方面提出的所谓"分水岭"原则说法，中国认为，分水岭原则在国际上并不是划界的唯一的或主要的原则，尤其不允许借口分水岭原则到别国境内去寻找边界线。（4）印度迅速撤出入侵地点，停止反华煽动，与中国举行边界谈判。为了表示中国解决边界问题的诚意，周恩来表示愿意到印度去与尼赫鲁会晤。

虽然周恩来复函中的态度相当强硬，但中国不愿意因边界问题搞僵与印度的关系，因此在边界地区保持了谨慎的姿态，为边界谈判营造宽松的气氛。1960 年 1 月，中央军委下令边防部队在实际控制线中方一侧 20 公里内不开枪，不巡逻，不平叛，不打猎，不打靶，不演习，不爆破；对前来挑衅的入侵印军，先提出警告，劝其撤退，劝阻无效时，方能依照国际惯例解除其武装；经说服后，发还武器，让其离去。1960 年 4 月 19 日，周恩来总理偕陈毅外长飞赴印度首都新德里。

尼赫鲁的强硬立场

比起以往三次的访印之行，此次周恩来受到的接待相当冷清，尼赫鲁刻意表示出在边界问题上坚决、冷峻的姿态，试图迫使周恩来让步。尼赫鲁摆出的立场是：中印边界已经很清楚地划定，不存在纠纷，问题出在中国占据了印度的领土，中国应该无条件地认可印度的边界主张并撤出"入侵"领土。

尼赫鲁如此强硬的姿态受其对国际形势判断的影响。1960 年中国的处境极其艰难，国内经济建设出现了严重偏差，陷入崩溃边缘；国际上，以美国为首的西方阵营一向敌视中国，1958 年下半年中国刚刚在台海地区与美国展开了一场激烈的较量；中苏关系出现了微妙的变化，苏联表示出不支持中国在中印边界上的立场，1960 年 2 月赫鲁晓夫对印度的访问证实了这样的判断。尼赫鲁认定，在这样的环境下，只要印度的态度坚决，中国很可能为了大局而对印度妥协。他也得知，中国在 1960 年 1 月与缅甸签订的《中缅边界协定》中做出了一定让步，确认了中缅间与"麦克马洪线"基本一致的边界线①；对于印度这样一个在国际上具有更大影响力且曾大力支持过新中国的国家，中国更没

---

① 缅甸也曾是英属印度殖民地的一部分，故"麦克马洪线"也涉及中缅划界。

有理由不予让步了。

此外，尼赫鲁还认为，1959 年 8 月和 10 月两次中印边界冲突中印度军队的失利表明，印度是较弱的一方，而中国则是恃强凌弱；如果他能在中印边界谈判上以强硬姿态来贯彻印度的意志，将大大振奋印度的国民士气，迎合印度国内愈益高涨的民族主义情绪。尼赫鲁在印度议会发言中宣称：当事情牵涉到国家的威信和尊严时，就不再是一二英里或者十英里甚至一百英里的问题。尼赫鲁的这种姿态，固然获得了印度民众的热情赞扬，但也助长了印度的民族主义情绪。

中国退让的底线

周总理是带着争取相互妥协的方案前往新德里的。周总理在与尼赫鲁会谈中的立场比此前给尼赫鲁信中的立场要缓和得多。周恩来表示，虽然双方存在边界争议，但也存在一条"实际控制线"；双方在解决边界问题时可以考虑分水岭原则，并照顾两国人民对喜马拉雅山和喀喇昆仑山的民族感情；在边界谈判取得协议之前双方应严守"实际控制线"，为保持边界安宁继续停止巡逻。

图 7-2　周恩来与尼赫鲁

印度的"前进政策"

然而，尼赫鲁此时已经被自己逼得难以下台，他固然也知道要中国让出全部阿克赛钦和阿里地区不现实，但他却不愿放弃印度一贯所持的"麦克马洪线"、"约翰逊线"等所谓"法理"依据。因此，他提出要在中国首先承认印度所有领土要求具有合理、合法性的条件下再进行具体的划界线调整。如此，印度不仅可以争得西段边界的一部分领土，还可以显得印度是出于友善和大度才向中国让出其余的西段有争议领土，故尼赫鲁以打官腔的姿态应付周恩来，称

"边界问题上不存在物物交换"。

尼赫鲁这种缺乏诚意的强硬姿态使周恩来和陈毅带着失望和愤慨离开了印度，双方未能达成原则性意向，只商定了先由两国官员进行会谈，审议有关材料，各自向两国政府报告。中印双方官员之间的边界问题谈判在 1960 年 6—12 月间进行，主要是审议历史文件资料，由于双方对有效性和合法性各执一词，谈判未能取得任何协议。

此后，印度方面继续其强硬政策，且在边界地区推行"前进政策"（Forward Policy），试图抢占边界线上的一些重要地点，单方面改变"实际控制线"状态。印军先后在西段边境的中国领土上建立了 43 个入侵据点，这些据点有的距我军哨所仅几米远，有的甚至建在我军哨所的后侧，切断了我哨所的后路，形成了印军入侵据点和我军边防哨所犬牙交错的对峙状态。在东段，印军自 1962 年 6 月起不断越过"麦克马洪线"，侵入西藏山南地区错那县的克节朗河谷，在扯冬地方建立了入侵据点，企图改变"麦线"走向，以该线以北约 11 公里的拉则山脊作为边界。虽然中国军队一再忍让，但印军包围我方巡逻小组、伏击我运输人员、射击我哨所和派飞机侵犯中国领空进行军事侦察的行动越来越频繁和激烈。在这种情况下，中国召回了驻印度大使潘自力。由于前一年印度驻华大使回国后一直未回中国到任，中印关系实际上降格为代办级。

在中国方面的一再要求下，1962 年 8 月中印再次举行谈判，但这丝毫没有缓解边界地区的紧张状态。印度政要在公开场合渲染战争气氛，包括尼赫鲁在会见锡兰总理班达拉奈克夫人（Sirimavo Ratwatte Dias Bandaranaike）时也叫嚣：要把有争议地区的中国军队全部清除。1962 年 10 月 5 日，印度成立了一个专门对付中国军队的新军团"第 4 军"，以图加大边界推进行动。第二天，中印边界谈判中断，中印边界战争拉开了序幕。

四、对印度自卫反击战

中国的自卫反击决策

印度方面日趋猖獗的挑衅，使中国方面逐渐放弃了原先指望通过克制忍让来消弭边界危机的希望。中国军方首领对打击印度军队有十足的信心，认定解放军指战员有着优秀的传统、高昂的士气和顽强的斗志，非懒散的印度军队官兵可比;虽然作战区域离印军补给基地较近而离我军后方基地较远,但我边防军有着长时间高原守备和作战经验丰富的优势,而印军则大多来自平原地带,不太适应在高寒地区作战。

然而,虽然中国在边境地区进行了一段时间的精心备战,但中共中央还是迟迟下不了开战决心,毛泽东最大的顾虑是尼赫鲁有着较高的国际声望,而印军实力较弱,很可能获得国际同情。但印度方面难以遏制的挑衅势头终于使中国决策层失去了耐心。此外,1962 年 10 月中旬,古巴导弹危机爆发,苏联为争取中国的坚定支持,一度表示在中印边界问题上坚决与中国站在一边,这多少改善了中国原有不利的国际孤立态势。中共中央决定抓住机会展开自卫反击,狠狠教训印度军队,消灭尼赫鲁企图通过武力逼迫中国在边界问题上屈服的幻想。

第一阶段战事

从 1962 年 10 月 17 日起,印军从中印边界东西段大举向中国军队发起进攻。1962 年 10 月 20 日,中国人民解放军被迫进行自卫反击。东线我军越过实际控制线,在克节朗—达旺地区全歼印军第 7 旅等部;西线我军转战阿克赛钦南线各处,拔除了印军在入侵领土上修筑的几十个据点。在达到打击印军目标之后,东线和西线的中国军队分别于 10 月 24 日和 28 日停止攻击,中国政府也于 1962 年 10 月 24 日发表声明,提出和平解决中印边界问题的三项建议,建议双方武装部队从实际控制线各自后撤 20 公里,脱离接触。

印度的反扑

印度总理尼赫鲁和印度国防部长梅农(Krishna Menon)此前不断推行"前进政策",决策依据就在于断定中国军队不会贸然展开大规模反击,因此,一旦印度军队在中方自卫反击面前出现大溃败时,印度政府颇为茫然不知所措。但印度民众急切需要印军获得战场胜利来满足其民族主义情绪需要,故印度政府拒绝和谈。

此时,古巴导弹危机刚刚结束,美苏两国相继表示出支持印度的立场。美国于 11 月 3 日照会印度,称美国承认"麦克马洪线"是合法边界线,并愿意向印度提供 10 亿美元援助;美国和其他西方国家的大批军火很快陆续运抵印度,这不啻给尼赫鲁打了一剂强心针。而苏联也担心印度一下子被美国拉拢过去,故随即恢复在中印冲突中保持中立的态度,这更增强了印度的反攻决心。印军随即调集重兵实施反击,试图夺回丢失的据点和已侵占领土。到 11

月中旬,印军在中印边界东、西两段增兵 2 个师 9 个旅共 3 万余人。

第二阶段战事

针对印度在美苏鼓动下再度嚣张的气焰,中国政府认为,如果就此望而却步,不仅前功尽弃,还将显得中国欺软怕硬。因此,毛泽东决定用战争彻底慑服印度,以求保证 30 年的中印边境和平。自 11 月 16 日起,中国军队又进行了为期 6 天的反击作战,东线我军在西山口、瓦弄等地的战斗中全歼印军第 62 旅等部,推进至传统习惯线附近;西线我军在班公落地区歼灭印军老牌劲旅、曾参加过两次鸦片战争的廓尔喀雇佣军捷特联队,拔除了印军在中国领土上的所有据点。

中国主动停火

前后长达一个月的对印度自卫反击战实际交战仅 15 天,中国军队在战斗中共歼敌 8 700 余人,其中击毙其 62 旅旅长辛格准将(Brigadier General Hoshier Singh)以下 4 800 余人,俘获其第 7 旅旅长达尔维准将(Brigadier General John Dalvi)以下 3 900 余人,拔除印军据点 80 余个,缴获武器物资无数,我方也伤亡 1 400 余人(其中阵亡 700 余人)。

在如此辉煌的战果面前,中国政府突然于 11 月 21 日宣布停止全线军事行动,中国军队自次日凌晨起回撤至 1959 年 9 月的“实际控制线”以内 20 公里处,同时也宣布“为防止印度军队卷土重来,再度发起进攻,中国边防部队将保留反击的权利,并将不再受非法的‘麦克马洪线’的束缚”。至 1963 年 12 月 1 日,全部中国军队撤离了战场。随后,中国边防部队又奉命将在反击战中缴获的大批武器、车辆进行擦拭维修,将缴获的其他军用物资进行整理包装,于 12 月中旬交还给印度;所有战俘也被陆续释放回国,其中的伤员也得到了良好的治疗。

中国在结束战事上的如此举动令外人费解,国际媒体报道称中国除了做个胜利者之外什么也没得到。尼赫鲁也感到迷茫不解,在印度民众高喊要将首都迁出离战线较近的新德里以示抗战决心的关头,中国突然主动撤出战争,使尼赫鲁在国际上到处喊冤求助的举动变得多余。

其实,中国的行动很好理解,中国发动这场自卫反击战丝毫不含有侵略的意图,其目的只是在于制止印度方面的进一步军事挑衅以获得边界的稳定和安宁,并争取让印度回到谈判桌上,以理智的态度与中国进行谈判来解决边界问题;中国甚至没有打算以军事胜利来改变“实际控制线”的现状。中国在处理战争后事上措置果断、干净利落,毫不拖泥带水,既彰显了正义之师的堂堂气度,也避免了陷入与邻国的持久纠缠、给国际敌对势力以可乘之机。这次行动开创了主动停火、主动后撤、主动交还缴获的先例,为中国军队以军事行动保卫边界安宁积累了良好的经验。

五、中印对峙及和解

战后中印关系

虽然中国的对印度自卫反击战完全不同于古今中外的那些侵略战争,但正如毛泽东事先担忧的那样,由于当时国际格局的制约,也由于失败的印度作为弱者获得了同情,国际舆论普遍倾向于印度一方,把中国说成是恃强凌弱的侵略者。但这种舆论导向,并不能证明中国维护领土主权和边界安宁之正当行为的非正义性,有外国观察家日后公允地评论说:中国唯一的错误似乎就是打了胜仗。

尼赫鲁吞下了此前对中国过于强硬而最终激怒中国的苦果,他此后声望大跌,郁郁寡欢,于1964年5月病逝,死前曾颇带自责地悲叹"与中国发生冲突是错误的"。在中印战争期间和战争结束之后,尼赫鲁凭借他在国际上的影响力四处寻求援助,美国、苏联及其他各方出于各自的战略考虑都向印度伸出援手,提供了大量的军事和经济援助。尼赫鲁借此大力整顿和加强印度军备,同时在印度推行驱赶华侨、逮捕印度共产党人等一系列反华反共措施。为了维护他自己和印度的面子,尼赫鲁顽固拒绝周恩来一再提出的重开边界谈判的建议,并正式将中印关系降为代办级。

但是,尼赫鲁也下令印度军队不得再在实际控制线上挑衅滋事,并悄悄通过锡兰总理班达拉奈克夫人向周恩来转达了他的这一决定。还须指出的是,在1962年11月战事还未结束之时,联合国大会就中国代表权问题举行投票表决,尼赫鲁指示印度驻联合国代表依然给中华人民共和国投赞成票。

中印对峙的延续

倒是尼赫鲁的后继者表现出更坚定的与中国敌对的立场。在1965—1966年间筹备第二次亚非会议的过程中,印度方面提出一些让中国难以容忍的会议议题,并竭力反对中国的合理建议,力图将中国排挤出亚太国家的行列。虽然第二次亚非会议最后由于美国的暗中阻挠和一些偶发事件而流产①,但印度的反华立场在当时的确影响了一些亚非国家对中国的看法,给中国外交造成一定的负面影响。

对印度全方位的对华敌视政策,中国也采取了针锋相对的斗争。在 1965 年 8—9 月的第二次印巴战争(克什米尔战争)期间,中国大力支持印度的宿敌巴基斯坦,牵制了印度在南亚的强势战略,但这也促使印度外交更多地倒向苏联一方。

在 1966 年尼赫鲁之女英迪拉·甘地(Indira P. Gandhi)当选印度总理之后,中印两国之间的对抗态势没有得到丝毫改善,1967 年 6 月还发生了两国民众相互冲击对方代办处事件。在 1971 年 11—12 月间的第三次印巴战争期间,中国依然坚定支持巴基斯坦,此举令印度愤愤不平。英迪拉·甘地对其父尼赫鲁在中国人面前所吃的"大亏"耿耿于怀,1971 年 11 月初她访问美国,当尼克松总统与她谈论起澳大利亚学者马克斯韦尔刚刚出版的《印度对华战争》(Neville Maxwell, *India's China War*)一书时,她竟颇为失态地表露出强烈的不满,因为该著持比较公允的立场,对尼赫鲁颇多批评。

中印关系正常化

中印关系直到 1976 年才有所缓和,是年 7 月,中印恢复了大使级的外交关系,但中印边界问题依然未得到解决。1981 年 12 月中印两国在北京举行第一次边界问题谈判,进展缓慢。1986 年 12 月,印度把中印有争议中的领土"东北边境特区"升格为"阿鲁纳恰尔邦",引起中国的强烈抗议,至 1987 年 11

图 7-3　邓小平会见来访的印度总理拉吉夫·甘地,1988 年 12 月

---

①　第二次亚非会议一直拖到 2005 年 4 月才在印尼首都雅加达召开。

月,中印双方举行第八次边界会谈,印度在边界问题上的强硬立场有所松动。1988 年 12 月,印度总理拉吉夫·甘地(Rajiv Gandhi,尼赫鲁之外孙、英迪拉·甘地之子)应邀对中国进行了正式友好访问,是为 28 年以来中印两国最高领导人之间的第一次面对面对话,标志了中印两国关系的正常化。

附录

本章大事年表

1913 年 10 月 　—1914 年 7 月	西姆拉会议
1938 年	英国政府伪造 1929 年《艾奇逊条约集》第 14 卷
1947 年 8 月 15 日	印度独立
1950 年 4 月 1 日	中印建交
1951 年 5 月 23 日	《中央人民政府和西藏地方政府关于和平解放西藏办法的协议》("十七条协议")在北京签订,西藏和平解放
1954 年 4 月 29 日	中印签订《关于中国西藏地方和印度之间的通商和交通协定》
1956 年 11 月 　—1957 年 2 月	达赖喇嘛滞留印度事件
1959 年	
3 月 10 日 　—4 月 8 日	西藏叛乱
3 月 22 日	尼赫鲁致函周恩来,向中国提出领土要求
5 月 6 日	《人民日报》发表编辑部文章《西藏的革命和尼赫鲁的哲学》
8 月 25 日	中印边界朗久冲突
10 月 20 日—21 日	中印边界空喀山冲突
1960 年	
1 月	中央军委下令中印边界中国边防部队谨守边

	界,不得随意开枪
1 月 28 日	《中缅边界协定》签订
2 月 24 日	赫鲁晓夫访问印度
4 月 19 日—26 日	周恩来、陈毅访问印度新德里
6 月—12 月	中印边界谈判无果
1962 年	
6 月	印军在克节朗河谷地区多处越过实际控制线
8 月—10 月	中印再次举行边界谈判
10 月 5 日	印度成立第 4 军
10 月 6 日	中印边界谈判破裂
10 月 16—28 日	古巴导弹危机
10 月 20 日	
—11 月 21 日	中国对印度自卫反击战
1964 年 5 月 27 日	尼赫鲁逝世
1965 年 8 月—9 月	第二次印巴战争,中国支持巴基斯坦
1967 年 6 月	中印民众相互冲击对方代办处
1971 年 11 月—12 月	第三次印巴战争,中国支持巴基斯坦
1976 年 7 月	中印恢复大使级外交关系
1981 年 12 月	中印举行边界问题谈判
1986 年 12 月	印度将中印有争议的领土"东北边境特区"升格为"阿鲁纳恰尔邦"
1988 年 12 月	印度总理拉吉夫·甘地访问中国

重要知识点

西姆拉会议   "麦克马洪线"   "约翰逊线"   阿克赛钦   尼赫鲁
西藏叛乱   1959 年中印边界冲突   传统习惯线   实际控制线
印度的"前进政策"   1962 年对印度自卫反击战   "阿鲁纳恰尔邦"

思考题

1. 中印边界问题的由来。

2. 苏联对华政策与中印边界冲突的关系。

3. 正确评判 1962 年中印战争。

4. 预测中印边界问题的最后解决方案。

延伸阅读

王宏纬著:《当代中印关系评述》,中国藏学出版社,2009 年。

随新民著:《印度对中国的认知与对华政策》,河南人民出版社,2008 年。

张忠祥著:《尼赫鲁外交研究》,中国社会科学出版社,2002 年。

[澳]马克斯韦尔著:《印度对华战争》,三联书店,1971 年。

[英]A. 兰姆著:《中印边境》,民通译本,世界知识出版社,1966 年。

[印]卡·古普塔著:《中印边界秘史》,王宏纬、王至亭译,中国藏学出版社,1990 年。

柳陞祺著:《柳陞祺藏学文集·汉文卷》,中国藏学出版社,2008 年。

吕昭义著:《英帝国与中国西南边疆(1911—1947)》,中国藏学出版社,2001 年。

杨公素著:《沧桑九十年:一个外交特使的回忆》,海南出版社,1999 年,第 7—13 章。

孙晓、陈志斌著:《西玛拉雅山的雪:中印战争实录》,北岳文艺出版社,1991 年。

第八章　60 年代激荡的中国外交

　　20 世纪 60 年代的中国外交可谓激荡澎湃,此时的中国尽管依然处在美苏两强争霸的冷战大格局中,但中国本身也发挥出巨大的能量,致使冷战的漩涡不再像 20 世纪 50 年代那样呈较为规整的两极态势。除了对印度发动边界自卫反击战并陷入与印度的持久对峙外,中苏关系也急剧恶化,直至兵戎相见。与此同时,中美之间的对抗依然继续,且由于美国入侵越南而一度激化。毛泽东在国内发动"文化大革命"的同时,在国际上提出"反帝防修"的口号,中国外交呈现出同时与世界两大超级大国进行对抗的态势,被称为"两条战线作战",或"两个拳头打人"。

一、越南战争的缘起

美国在越南的介入

　　1954 年的日内瓦会议上美国拒绝在《最后宣言》上签字,埋下了它以后一步步陷入越南泥淖的根源。出于在东南亚建立一个反共反华基地的战略考虑,美国大力扶植以吴庭艳为首的亲美势力,于 1955 年 10 月炮制出"越南共和国",控制了北纬十七度线以南的地区,与北方胡志明领导的"越南民主共和国"政权对抗。

　　吴庭艳的独裁统治以裙带关系和贪污腐败著称,他与他的几个弟弟视国家为己有,以垄断农产品出口贸易、走私大米、贩卖鸦片等卑劣手段聚敛财富。后果更为严重的是,身为天主教徒的吴庭艳在佛教徒占人口多数的越南强制推行天主教,歧视、迫害佛教徒,激起极大的民愤,以致发生佛教僧侣在西贡街头自焚以抗议政府暴行的惨剧。吴庭艳家族遭到南越人民的普遍憎恶,反政府游击战日益蔓延,至 1960 年 12 月,南越各派反政府武装联合起来,组成了以阮友寿为主席的"越南南方民族解放阵线",打击吴庭艳政权。"越南南方民族解放阵线"在西方被称为"越共"(Viet-cong),它不仅得到南越人民的广泛拥护,也得到北越胡志明政权的大力支持,实际上受北越劳动党中央的直接领导。

尽管吴庭艳政权的腐败和不得人心在全世界人尽皆知,但美国看重其坚决反共的本质,故采取其在国际上一贯奉行的"双重标准",竭力维持这个腐朽政权的存在。当看到通过提供武器金钱和军事顾问等干涉手段已不足以帮助吴庭艳政权抵御南越人民的反抗斗争时,肯尼迪政府于 1961 年 5 月派遣"绿色贝雷帽"等美军特种部队进入南越,帮助训练南越政府军,直接指挥他们展开"特种战争",对付越共的游击战。其间,美国与吴庭艳集团之间的矛盾激化,遂于 1963 年 11 月 1 日策动政变,处死吴庭艳,另扶植南越将领杨文明等人建立军事独裁政权,继续进行剿共战争。虽然美国派出了 1 万 6 千多名特种部队,但美国政府寄予厚望的"特种战争"根本无法抵挡越南人民战争的攻势,到 1964 年,越南南方解放军已发展至拥有 20 万部队,控制南越五分之四的土地和三分之二的人口,逐步形成了农村包围城市的战略态势。

东京湾事件

美国不甘心丢失南越这块反共基地,1963 年 11 月 22 日美国总统肯尼迪(John Fitzgerald Kennedy)神秘遇刺身亡,一块阻挡美国政府内部鹰派人士和军火利益集团扩大越南战争图谋的绊脚石去除了。继任的约翰逊(Lyndon B. Johnson)总统听从美国好战分子的意见,认定只有狠狠打击北越的胡志明政权才能保证在越南南方的剿共行动,于是开始策划将侵略矛头直接指向北越。

1964 年 8 月初,美国军方捏造出"东京湾事件",称两艘美国海军驱逐舰在"东京湾"(中国称之为"北部湾")受到北越海军鱼雷快艇的攻击,随之在美国国内大肆制造干涉舆论。1964 年 8 月 7 日,美国国会通过了《东京湾决议》(*Gulf of Tonkin Resolution*),授权总统采取一切必要的措施抵抗任何针对美国军队的武装袭击。尽管"东京湾事件"不久被证实完全是子虚乌有,但《东京湾决议》已经为美国政府全面介入越南战争开了绿灯。约翰逊总统下令美国空军对北越进

图 8-1 林登·约翰逊,发动越南战争的美国总统(1963—1969 年)

行狂轰滥炸，并派遣大批美军士兵和武器装备入侵越南，越南战争从"特种战争"阶段进入了美军直接干涉的"局部战争"阶段。

图 8-2　东京湾事件后美军地面部队进入越南

美国的越战决策

即使没有东京湾事件，美国对越南的直接干涉也势在必行。美国总统约翰逊和他的国务卿迪安·腊斯克（Dean Rusk）都是坚定的反共反华分子，信奉艾森豪威尔总统和杜勒斯提出的"多米诺骨牌"理论，他们始终把中华人民共和国看作美国的假想敌，声称北京要征服的目标"不仅在南越，而是整个亚洲"，因此，他们把入侵越南看作美国政府与共产党中国之间的一场意志较量，正如约翰逊公开宣示的那样："这场战争以及整个亚洲的背后是另一种现象，即共产党中国的阴影日益加深……河内的统治者们受到北京的怂恿……越南的争夺，只不过是一场侵略意图更广泛的行动的一个组成部分。"

美国统治集团的这种战略判断，如果不是他们有意为其欲罢不能的侵略政策寻找一个借口的话，那必定是他们无意犯下的严重误判。从 20 世纪 50 年代末起，中国的内外处境均日趋恶劣，国内"自然灾害"的状态自不待言，国际上又分别与印度和苏联交恶，在这种称得上四面楚歌的背景下，中国对外政策的总趋向是寻求自我保护，确保国家安全环境，根本不可能再追求在国际领域的进取或扩张。

另外，在中苏两党对国际事务的看法大相径庭、中苏之间矛盾重重的局势下，社会主义阵营也不可能有一个在东南亚展开扩张的协调战略。越南的事态并非由外力造成，而是由南越吴庭艳政权的不得人心和北越胡志明政权追求民族统一的意志推动,中国尽管也给予了北越一定的支援,却并没有在南越的事态发展中发挥什么重要的作用。

二、抗美援越

中国的战略考虑

但正因为如此,1964 年美国全面入侵越南之后,中国不得不加大对越南人民的支持力度,因为,如果越南抵挡不住美国向北推进的势头,中国将再一次面临朝鲜战争时那种战火烧到国门边上的危险,这恰恰是中国政府一直试图避免的事态。如果再次发生那样的情况,在中苏交恶的背景下,中国很难得到有力的国际援助来对抗来自美国的压力。20 世纪 50 年代中,美国已经在中国的四周扶植了一系列反华政权,形成了对新中国的包围圈,中国必须在任何一个方向击退美国的进一步挑衅,才能够保证共和国不至于灭亡。如果说美国政府错误地认为失去南越将意味着丢掉它在亚洲的霸权的话,那中国政府更有理由认为,失去北越这个缓冲地带就意味着丢掉中华人民共和国本身。

在这种战略判断指导下,中国领导人决心不遗余力地支持越南人民的抗美斗争。中国的这种抗美援越政策,与其说是发扬无产阶级的国际主义精神,不如说是执行保卫国家安全的义无反顾的方针。基于这种国家安全利益的现实考虑,中国对越南的事态不敢有稍许懈怠。中国在越南战争中的政策,与苏联对越南半心半意的援助政策大有不同。苏联也给予了越南人民一定的支持,通过中国的运输系统向越南运送过一些武器装备,但越南人民的成败对于苏联的国家安全威胁不大。对苏联来说,越南战争只是拖住美国的一个大好机会,可以减轻苏联的国际压力,并有利于苏联在世界其他地区扩张势力,与美国角逐。

而从 1964 年 8 月东京湾事件开始,中国政府就一再声援越南人民的抗美斗争,同时警告美国不要肆意扩大战争,首先是不要越过北纬十七度线入侵北越。1965 年 2 月,当美国的大规模地面部队进入越南时,中国政府发表严正声明指出:"美国对越南民主共和国的侵犯就是对中国的侵犯,6 亿 5 千万中国人民绝不会置之不理,而且是做了准备的。""不会置之不理"这样的措辞已是美国人第二次从中国人那里听到。前一次是在朝鲜战争仁川登陆之后,杜鲁门和麦克阿瑟不愿相信,最终陷入了与中国人民志愿军的对垒。这一次,美国政府不得不慎重对待中国的警告,因此美国不再像朝鲜战争时那样一意孤行,一下子把战争扩大到全面战争状态,而是采用"逐步升级"的策略。

美国的逐步升级策略

"逐步升级"是当时西方战略界流行的观念,指要事先把战争设想成若干阶段,每个阶段又分为若干阶梯,依次推进,逐步加大使用武力和武力威胁的力度,以达到麻痹敌方并在不知不觉中实现战略目标的目的。

在美军地面部队入侵越南南部之后,美国采用"南打北炸"的战略,美军地面部队只在北纬十七度以南地区作战,对十七度线以北的地区只进行空中打击。但同时,美国也在试探进一步升级的可行性,因此美军轰炸机在轰炸北越时也有意无意地飞抵中国的云南和广西边境上空投掷炸弹,美国总统约翰逊也公开声称"存在着同中国发生战争的危险",而美国媒体则予以配合,大肆宣扬"越共"将不再有朝鲜战争中那样的"庇护所",美国军队将实行"穷追"战略云云。如果中国对此表示出软弱姿态,美国极有可能按"逐步升级"战略,将行动升级到派地面部队进攻北纬十七度线以北地区。

中国的战争边缘政策

针对美国的这种挑衅和试探,中国方面做出了非常激烈的反应,以求用"战争边缘"政策来遏制美国的"逐步升级"战略。1965 年 4 月,周恩来请巴基斯坦总统阿尤布·汗(Mohammad Ayub Khan)向美国总统约翰逊转达了"四句话",表明了中国政府对越南战争的底线:(1)中国不会主动挑起对美国的战争。(2)中国人说话是算数的,那就是,如果亚洲、非洲或世界上任何国家遭到以美国为首的帝国主义的侵略,中国政府和中国人民是一定要给以支持和援助。如果由于这种正义行动引起美国侵略中国,我们将毫不犹豫地奋起抵抗,战斗到底。(3)中国是做了准备的。如果美国把战争强加于中国,不论它来多少人,用什么武器,包括核子武器在内,可以肯定地说,它将进的来,出不去。(4)战争打起来,就没有界限。美国有些军事家想依靠海空优势轰炸中国,而不打地面战争。这是一厢情愿……你能从空中来,难道我们不能从陆上去吗?

中国政府的强烈反应,使约翰逊政府不得不放弃进一步升级的企图,把战争控制在"南打北炸"的层次上,也不再对中国边境地区进行挑衅性轰炸,以免真的招致中国军队的参战。中国的立场,使越南民主共和国得以在不遭受地面进攻的情况下从容进行抗美斗争。

中国对北越的支持

当然,中国对越南人民的支持并未停留在外交行动上,中国还向越南提供了人员物资等各种援助。1965 年 4 月胡志明主席派越南劳动党第一书记黎笋和国防部长武元甲访问中国,要求中国扩大援助规模并向越南派出一些包括飞行员在内的志愿军。中国领导人一口承应,并明确表示,援助越南进行抗美斗争,"是我们中国应尽的义务,中国党应尽的义务";"我们的方针就是,凡是你们需要的,我们这里有的,我们要尽力援助你们";"你们不请,我们不去。你们请我们哪一部分,我们哪一部分去"。

如此无私的表态令越南方面极为感动,也大大增强了他们抵抗到底的信心。根据随后中越双方签订的有关协议,在 1965 年 6 月至 1973 年 8 月间中国先后派出了高炮、工程、铁道、扫雷、后勤等部队总计 32 万余人次,最高年份达 17 万余人次。这些中国志愿军官兵是越南军队缺乏而又急需的力量,他们在越南北方执行防空、筑路、构筑国防工程、扫雷、通讯及后勤保障等任务,对稳定越南人民抗美斗争的大后方起了至关重要的作用。在物资方面更不用说,中国提供的武器弹药、粮食服装等各种援越物资,直到 20 世纪 70 年代末越南全国解放好几年后都还没有消耗完。

图 8-3 越南战争中驻守北越后方的中国防空炮兵

停火谈判问题

中国对越南的巨大援助,使得中国领导人在较长一段时间里对越南领导人拥有举足轻重的影响力,这也表现在越南与美国的谈判问题上。美国总统约翰逊逐渐意识到，在无法派地面部队直接进攻北越的前提下，派遣再多的美国军队也不可能在军事上解决越南问题，遂不断向北越试探，提出以美国停止对北越的轰炸为条件进行美越双边谈判，企图诱使北越承认美国控制南越的既成事实。

按说，在北纬十七度线上将美越之间的对抗稳定下来也符合中国方面保住北越这块缓冲地带的原始战略目标，就像朝鲜半岛的态势那样，能够为中国所接受；但是，中国不信任美国的战略意图，担心美国在越南南方站住脚之后还会伺机进一步威胁中国的国家安全，而美国不愿意承认"越南南方民族解放阵线"合法地位的立场也将阻止越南人民解放全国的斗争。在美国依然极端敌视中国的背景下，中国不愿意放松对美帝国主义的坚决斗争。

此外，在美国提出停火谈判建议之后，国际上的各方力量相继登场亮相，联合国秘书长吴丹、英国、印度等都表示愿意从中斡旋，尤其是苏联表示愿意"帮助美国从越南找一条出路"。各方参与调停越南战争，都带有其各不相同的意图，对此中国非常警惕。因此，中国敦促胡志明政权不要受美帝国主义和苏联修正主义的欺骗而轻易妥协。在中国领导人的劝说下，越南放弃了一度动摇的立场，计划在接受谈判提议之前先在战场上获得优势，取得一场像1954年奠边府战役那样的胜利。

1968年1月，越南南方军民发动"春季攻势"，对美军控制的西贡、顺化、岘港等几十个大中城市和军事基地展开猛烈进攻，战火甚至一直延伸到美国驻西贡大使馆，给美国决策集团以极大的震撼。此后不久美国再次发出和谈倡议，约翰逊总统于是年3月宣布停止对北越的轰炸。

在1968年的春季攻势中，越南南方军民没有达到战役目标，反而遭受了巨大的伤亡，越南领导人因此不得不清醒地认识到自己暂时还没有足够的力量赶走美军，继续进行战争将付出沉重的代价。于是，河内方面改变策略，1968年4月3日宣布同意进行谈判，不久开始了艰难的越美巴黎谈判（1968年5月到1973年1月）。

中国领导人对越南领导人未经请示胡志明主席和中国方面就轻率同意谈判的举动颇有不满，甚至私下指责越南劳动党的黎笋、范文同等人"在很短的时间里接受了苏联修正主义提出的妥协和投降的建议"。越南领导集团也很快领教到美国方面在巴黎谈判中顽固的态度和狡诈的手腕，逐渐信服了中国领导人的事先提醒，并以强硬的立场对抗美国的企图。然而，随着不久后中美关系的逐渐解冻，越南领导人在苏联的挑唆之下抱怨起中国对越美谈判所持的态度，中越关系蒙上了一层厚厚的阴影。

三、中美在印支的外交角逐

尼克松的"越南化"政策

美国政坛精英和利益集团草率发动越南战争陷入了僵局。1967年美国在越南派驻的50多万军队,以及韩国、泰国、澳大利亚、新西兰等美国盟国的几万军队,不断遭受惨重的伤亡,却仍无法消灭越南南方解放军,也不能让北越的胡志明政权屈服。美国国内的反战情绪日趋高涨,美国民众越来越厌恶约翰逊政府在遥远的东南亚丛林进行的侵略战争,反战运动扩展到美国社会的各个角落。约翰逊总统认识到了无法在越南取胜的前景和他自己的不得人心,在1968年4月与北越达成启动巴黎和谈协议的同时,约翰逊不得不急流勇退,宣布不再参加当年的美国总统竞选。

尼克松总统在1969年年初上台执政,他意识到必须尽快摆脱越南这个差点导致美国全民分裂的泥潭,遂提出了所谓的"越南化政策"。"越南化"的主旨是逐步从越南撤出美国军队,改变以往那种以美军为主体"替越南人打仗"的做法,采取一系列措施来加强南越傀儡政权的武装力量,包括人数、装备和作战能力,在南越推行绥靖计划,以求逐步稳定南越的军事态势,最终让美国得以体面地撤出越南。

胡志明小道

但正是为了推行"越南化"政策,尼克松政府把战争扩大到了越南的邻国老挝和柬埔寨。此前美国一直大力支持老挝的亲美势力,努力剿灭老挝爱国战线党领导的巴特寮武装,但始终无法成功。柬埔寨的情况有所不同。1954年获得独立的柬埔寨王国执行中立政策,年轻的柬埔寨领导人诺罗敦·西哈努克亲王在日内瓦会议上为周恩来的气质和才华倾倒,此后他逐渐与周恩来、毛泽东等中国领导人建立了深厚的友谊。1958年,他力主柬埔寨与中华人民共和国建立外交关系,同时也与美国等西方国家保持着友好关系。但在1965年美军大部队入侵越南之后,西哈努克亲王改变中立立场,果断地断绝了与美国的外交关系。此后西哈努克对越南人民的抗美斗争采取同情和支持的态度,允许北越的人员和物资经过柬埔寨领土送往南越,默许越南南方解放军较为自由地进出柬越边境,并听由越南南方解放军在柬埔寨边境一些地点设立后方补给和休整基地。

東埔寨的态度令美国恼火不已，一方面西哈努克容纳和庇护越共武装分子的立场使美军的清剿行动难以成功；而另一方面，如果悍然侵入東埔寨领土实施追击清剿又将破坏東埔寨的中立，招致国际舆论的抨击。最让美国不忿的是"胡志明小道"的存在。整个越南领土呈南北狭长的地形，美军虽然严密控制北纬十七度线附近地区，有效阻挡了越南军民直接于此处往返南北，但胡志明领导的北越军民开辟了一条秘密运输线，这条运输线穿越在印度支那的热带丛林中，根本不怕美国的空中轰炸，它起自越南北方，途经老挝爱国战线党控制的老挝解放区和一部分東埔寨领土，将大批人员物资源源不断地运送到越南南方前线，被西方称为"胡志明小道"。

東埔寨政变

尼克松政府将"胡志明小道"视为如鲠在喉，他们知道，如果不切断这条南越反美武装的生命线，美国的"越南化"政策根本不可能奏效。为此，尼克松上台后不久就派出一部分美军和南越军队入侵老挝，会同老挝的右派亲美武装进攻老挝爱国战线党的武装控制区，以图斩断"胡志明小道"。与此同时，尼克松政府假意向西哈努克伸出橄榄枝，与東埔寨恢复了外交关系。中央情报局人员随同美国外交使团进入東埔寨，立即实施其颠覆阴谋，将亲美的東埔寨首相朗诺和副首相斯里玛达拉拢过来。1970年3月18日，朗诺和斯里玛达趁西哈努克亲王出访法国和苏联之际发动政变，推翻東埔寨王国，建立高棉共和国，朗诺自任总统。

中国对西哈努克的支持

被废黜的西哈努克在苏联受到冷遇，他对苏联政府的势利态度深恶痛绝，而中国领导人则热情邀请他访问北京，3月19日，西哈努克亲王自莫斯科飞抵北京，中国仍按照国家元首的规格隆重接待，令西哈努克亲王深受感动。不仅如此，中国领导人还努力让沮丧万分的西哈努克亲王鼓起勇气，帮助他协调東埔寨各方力量，在北京建立起東埔寨王国民族团结政府。中国撤出原在金边的中国使馆，承认西哈努克的流亡政府为東埔寨唯一合法政府，并向西哈努克提供一切必要的援助，支持他领导東埔寨人民开展推翻朗诺政权的斗争。

为了进一步挫败尼克松政府扩大印度支那战争的侵略政策，中国政府展开积极的外交行动，协调印度支那三国人民的抗美斗争。在中国政府的推动之下，1970年4月24—25日，印度支那三国四方首脑会议在广州举行，参加会议的有越南总理范文同、南越民族解放阵线主席阮友寿、老挝爱国战线主席苏发努冯、柬埔寨民族统一阵线主席西哈努克。三国四方会议发表声明,宣布三国人民在反对美国侵略,保卫民族独立、国家主权的正义斗争中互相团结、互相支持、互相合作。

图 8-4　毛泽东主席与西哈努克亲王

印度支那三国人民的团结抗战,不仅使尼克松政府的战略计划落空,还使美国陷入了更被动的局面。西哈努克在柬埔寨人民中一直享有崇高声望,而美国扶植的朗诺政权遇到了柬埔寨民众的激烈抵抗,波尔布特领导的柬埔寨共产党等各派力量展开了声势浩大的游击战,越南南北方抗美武装也从边境地区大举挺进柬埔寨腹地,切断了首都金边的各主要通道,朗诺政权面临着随时被推翻的危险。尼克松政府不得不派出 7 万多名美军和南越政府军入侵柬埔寨以帮助朗诺政权维持统治。越南战争的泥潭扩大至整个印度支那。中国在印度支那对抗美国侵略的斗争中赢得了巨大的外交胜利。

五二〇声明

在印度支那抗美斗争如火如荼之际,1970 年 5 月 20 日,北京天安门广场召开了谴责美帝国主义侵略越南和柬埔寨的百万群众大会,毛泽东主席发表了著名的五二〇声明——《全世界人民团结起来,打败美国侵略者及其一切走狗》,声明中那些脍炙人口的豪言壮语,显示了中国领导人藐视一切的豪迈气概:"现在世界上究竟谁怕谁? 不是越南人民、老挝人民、柬埔寨人民、巴勒斯坦人民和阿拉伯人民怕美帝国主义,而是美帝国主义怕世界各国人民,一有风吹草动,就惊慌失措。世界上许多事实都证明,得道多助,失道寡助。弱国能够打败强国,小国能够打败大国。小国人民只要敢于起来斗争,敢于拿起武器,掌握自己国家的命运,就一定能够战胜大国的侵略。这是一条历史的规律。"

附录

本章大事年表

1954 年 7 月 21 日	《日内瓦最后宣言》签署
1955 年 10 月	"越南共和国"成立
1960 年 12 月	"越南南方民族解放阵线"成立
1961 年 5 月	美军"特种部队"进入南越
1963 年 11 月 1 日	南越政变，总统吴庭艳被处决
1963 年 11 月 22 日	肯尼迪总统被刺
1964 年 8 月 7 日	美国国会通过《东京湾决议》
1965 年 4 月	周恩来总理向美国政府捎四句话表明中国的立场
1968 年	
1 月	"越共"武装发动"春季攻势"
4 月 3 日	北越政权宣布同意谈判
1968 年 5 月 —1973 年 1 月	越美巴黎和谈
1970 年	
3 月 18 日	美国策动朗诺集团发动柬埔寨政变
3 月 23 日	西哈努克亲王在北京宣布成立柬埔寨王国民族团结政府
4 月 24 日—25 日	印度支那三国四方会议
5 月 20 日	毛泽东发表"五二〇声明"

重要知识点

"反帝防修"　　越南南方民族解放阵线　　特种战争　　《东京湾决议》
"逐步升级"战略　　抗美援越　　1968 年春节攻势　　"越南化"政策
西哈努克亲王　　胡志明小道　　三国四方会议　　五二〇声明

思考题

1. 中美双方在越南战争中的战略考虑及其冲突。
2. 1970 年 4 月印度支那三国四方会议的历史意义。

延伸阅读

吕桂霞著:《遏制与对抗:越南战争期间的中美关系 1961—1973》,社会科学文献出版社,2007 年。

陶文钊主编:《中美关系史(1949—1972)》,上海人民出版社,1999 年,第 6 章。

陈红本著:《跌宕起伏的成败故事:战后中美关系发展史纲》,吉林人民出版社,2003 年,第 5 章。

[美]迈克尔·沙勒著:《二十世纪的美国和中国》,王杨子、刘湖译,1985 年,第 6、7 章。

徐天新、沈志华主编:《冷战前期的大国关系》,世界知识出版社,2011 年,第 6 章。

李丹慧主编:《中国与印度支那战争》,香港天地图书有限公司,2000 年。

李家忠著:《印支外交亲历》,上海辞书出版社,2010 年,第一部分。

曲爱国等编:《援越抗美——中国支援部队在越南》,军事科学出版社,1995 年。

杨奎松主编:《冷战时期的中国对外关系》,北京大学出版社,2006 年,第 5 章、第 6 章第 1 节。

杨公素:《沧桑九十年——一个外交特使的回忆》,海南出版社,1999 年,第 14 章。

第九章　中美关系的解冻

"没有永久的朋友,也没有永久的敌人,只有永久的利益。"这条国际关系的铁律,不仅体现在 20 世纪 50、60 年代中苏关系的嬗变过程中,也体现在 70 年代初中美关系的解冻过程中。这两个过程从一正一反两个方面展示了朋友可以变成敌人、敌人也可以变成朋友的国际政治规律。

20 世纪 60 年代中国同时与世界上最强大的两个国家进行对抗,感到力不从心。珍宝岛事件后,苏联已明显成为中国国家安全的最主要威胁。在中国领导人看来,根据"两害相较取其轻"的原则,通过缓和与美国的关系来改善中国的战略态势并非不可为之事。

早在 1967 年 10 月,准备参加美国总统竞选的尼克松在美国的重要刊物《外交季刊》上发表一篇文章,声称"从长远来看,我们简直经不起永远让中国留在国际大家庭之外,来助长它的狂热,增进它的仇恨,威胁它的邻国"。毛泽东、周恩来等中国领导人当时就注意到这篇文章,他们肯定也注意到了尼克松在其总统就职演说词中的含蓄表达:"在这个世界里,国家无论大小,它们的人们都不应生活在愤怒的孤立状态之中。"因此,中国领导人对尼克松的对华政

图 9 - 1　美国总统尼克松(1969—1974 年)和国家安全顾问基辛格

策思维并不陌生。据称珍宝岛事件发生后毛泽东曾说过"中苏发生交战了,给美国人出了个题目,好做文章了"。

当然,对于中美和解这样的重大战略抉择,在确切探知美国真实的战略意图之前,中国领导人不会轻举妄动,而宁可采取冷静观察、谨慎分析的态度。

一、中美缓和的试探

尼克松的缓和信息

冰冻三尺非一日之寒,同样,要化解久冻的坚冰也非一日之功。尼克松政府上台伊始就开始了打开与中国关系的努力。1969 年 2 月下旬,尼克松在出访巴黎会见法国总统戴高乐时表示愿意谋求与中国对话,希望戴高乐能通过中法外交渠道向中国政府转达这一意愿。戴高乐委托正要去北京赴任的新任法国驻华大使将尼克松的话转告给了中国领导人,中国方面没有任何反应,但中国领导人不会不注意到这一动向。

同年 7 月,尼克松先后出访巴基斯坦和罗马尼亚,他再次委托巴基斯坦总统叶海亚·汗(Agha Muhammad Yahya Khan)和罗马尼亚总统齐奥塞斯库(Nicolae Ceauşescu)这两位中国领导人的友人转告中国政府:美国正在计划退出越南,希望与中国对话;美国决不会参加孤立中国的任何安排。为配合尼克松的信息传递,美国国务院于 7 月 21 日宣布放宽对中国的贸易和到中国旅行的限制。

中国的谨慎应对

对此,中国方面没有做出明显的反应。过了一个月,苏联向美国试探美苏联合对中国核设施进行"外科手术式"核打击的可能性,尼克松政府予以拒绝,并故意通过媒体透露此事,这明显含有向中国领导人示好的意图。但是,按照中国最高领导人毛泽东的一贯态度,中国不太可能在中苏战争危急关头贸然接过美国伸出的橄榄枝,那样将过于明显地表现出,中国是在无奈之下慌忙"乞求"于美国。

1969 年 9 月 11 日周恩来与柯西金举行北京机场会谈后,中苏战争危机消退,能够被美国利用来拉拢中国的最佳时机似乎失去了。正因为如此,美国决定以更直接的方式向中国发出强烈信号,基辛格在尼克松的授意下指示美国驻波兰大使在最近的社交场合努力去接触中国外交官。

1969年12月3日,在华沙文化宫举行的南斯拉夫时装展览会上,美国大使斯托塞尔想与出席展览会的中国驻波兰临时代办雷阳搭话,但没有接到国内任何指示的雷阳故意躲避,匆匆离开,斯托塞尔不顾斯文穷追不舍,最后大声用波兰话喊道:"中国代办先生,我有话对您说。美国对同中国再次会谈十分感兴趣……"

在收到雷阳的报告后,中国领导人心领神会,决定响应美国的试探,同意重开中美大使级会谈,紧接着释放了两名乘游艇误入广东领海的美国公民。美国方面对这一试探的成功颇感兴奋,决定加强效果。在1970年1月20日美国国务院的新闻发布会上,发言人在宣布中美大使级会谈复会的消息时三次使用了"中华人民共和国"的说法,这是新中国成立20年来美国官方发言人第一次在公开场合使用这个正式名称。(在1966年3月中美大使级第129次会谈中,美国代表曾使用过"中华人民共和国"的称呼,但中美大使级会谈是非公开场合。)

但是,由于1970年3月美国策动柬埔寨政变并派军队入侵柬埔寨,尼克松当政第一年中所有的对中国的试探努力前功尽弃了。中国领导人对尼克松的两面派手法大为恼火,一时认定此人不可信任,进而怀疑美国此前的种种示好举动可能只是欺瞒中国的权宜之计。中国展开了声势浩大的谴责美国入侵柬埔寨的运动,包括毛泽东气势磅礴的五二〇声明和天安门广场的百万人大游行,并特意邀请正在中国进行中苏边界谈判的苏联副外长库兹涅佐夫与毛泽东一起登上天安门城楼检阅群众游行,以显示某种中苏和解联合抗美的可能。

"叶海亚渠道"的建立

中国的如此反应令尼克松大感沮丧,他在沉默了一段时间后决定再次向中国发出试探信号。1970年6月,美国宣布将入侵柬埔寨的美国军队撤出;7月,尼克松在接受美国广播公司著名评论员霍华德·史密斯(Howard K. Smith)先生的采访时,针对史密斯提出的"在俄国同中国闹翻的时候,我们为什么不同中国建立正常的外交关系而从这种局势中获得情报方面和外交上的最大好处呢?"问题,尼克松坦率地回答,"是的,我们应当这样做"。这表现了他对中美缓和确实是抱有诚意的。

9月27日,尼克松又接受美国《时代》周刊的采访,再次表达他打开中美关系的强烈愿望。他甚至表示:"如果说在我去世之前,有什么事情要做的话,那就是到中国去。如果我不能去,我希望我的孩子能够去。"10月下旬,尼克松又先后接待了来访的罗马尼亚总统齐奥塞斯库和巴基斯坦总统叶海亚·汗,请他们再次向中国领导人转达他与中国对话的诚意。他托叶海亚·汗转告中国,鉴于华沙大使级会谈级别太低且很难保密,他愿意派一个高级使节秘密访问中国,并要求叶海亚·汗作为中介人提供帮助。叶海亚·汗随后在11月10—15日访问北京期间亲口向周恩来转达了尼克松的话。

其实,在美国宣布从柬埔寨撤军之后,中国方面也重新审视尼克松的对华政策意图,确认了美国政府改善中美关系意愿的真实性。中国方面也相应地发出了信号,1970年10月1日,周恩来特意安排美国著名记者埃德加·斯诺(Edgar Snow)及其夫人登上天安门城楼与毛泽东一起检阅国庆游行队伍。然而,由于斯诺是中国领导人几十年的老朋友,又没有任何官方背景,美国方面竟忽略了中国方面发出的这个重要信号。但不管怎么说,叶海亚·汗总统访问北京带来的口信使中国获知了美国希望直接对话的意图。周恩来总理让叶海亚·汗向美国方面转达中国政府在台湾问题上的严正立场,但也明确表示欢迎美国特使来北京商谈,时机可以通过巴基斯坦总统商定。

叶海亚·汗总统回国后将周总理的答复写成了一份无署衔、无签字的手抄备忘录,派专人于12月8日送到巴基斯坦驻美国大使馆,由大使阿格哈·希拉利(Agha Hilaly)当面交给了基辛格。基辛格在与尼克松反复商量后,于12月26日将一封同样无图章、无签字的打印信函交给了希拉利大使。信中表示美国同意接受邀请,准备在北京举行高级会谈,讨论包括台湾问题在内的、存在于中美之间的各种问题。

这就是著名的"叶海亚渠道"。由于中美最高层之间有了这样一条秘密可靠的联络渠道,此后中美双方公开做出的种种暗示和缓和姿态,包括毛泽东与斯诺的几次访谈和1971年4月上旬周恩来总理邀请美国乒乓球代表团访问北京的举动,等等,都已经无足轻重了,只是一些显示缓和的气氛烘托而已。日后中国媒体中出现的诸如"乒乓外交拉开了中美缓和的序幕"、"小球推动大球"一类的说法,不过是一些无伤大雅的宣传而已,不能信以为真。过分强调美国乒乓球队访华事件的意义,将显得中国是中美解冻过程中主动的一方,美国只是在中国方面的积极鼓励下才做出派特使访华的决定的。这显然不符合历史事实。

二、基辛格秘密访华

美国特使访华事宜

1971 年 4 月 21 日，中国方面通过巴基斯坦外交渠道向美国政府递交了一份简单的信函。与以往的几次往复信函一样，这份信函写在一张无任何标识的信笺上，没有收信人称呼，也没有写信人署名，只写有"愿意公开接待美国总统特使如基辛格博士，或美国国务卿甚至美国总统本人来北京直接商谈"的简单字句。尼克松和基辛格当然不会怀疑该信函的真实性，而是把它看作中国政府的正式邀请。他们遂以同样的方式予以答复，接受邀请，但坚持美国总统特使要以秘密的方式访问北京，这得到了中国方面的认可。

在此前半年间，中美之间的信息往来之所以采用如此特殊的方式，乃是因为双方对能否实现直接对话都心中没底，故竭力避免在达成对话前闹得沸沸扬扬，陷入画虎不成反类犬的尴尬境地。

中国方面在确知美国派员来访的决心后，对是否秘密接待来访特使并不在意，反而更希望采用公开接待的方式。因为，如果美国总统特使公开访问北京，即使达不成任何协议，也至少可以证明美国此前 20 多年排斥、打压中华人民共和国之政策的失败。

美国政府则较为谨慎，它对特使能否取得或取得多大成效并不乐观，不愿意在没有任何把握的情况下首先向全世界承认自己以往政策的失败，因此坚持进行秘密访问。中美两国的这些反应表明，在对峙、隔绝了那么长时间后，双方对彼此缺乏足够的信任。

基辛格北京之行

为了让美国总统特使基辛格的中国之行不被外界察觉，美国政府精心策划了一个瞒天过海的方案：尼克松总统安排基辛格于 1971 年 7 月 2 日起公开访问南越、泰国和印度，最后访问巴基斯坦。基辛格在 7 月 8 日飞抵巴基斯坦首都伊斯兰堡后便立即称胃病突发，叶海亚·汗总统对外宣称临时取消所有活动，安排基辛格去北部山区疗养。为了做得逼真，巴方甚至安排了一个挂着美巴两国国旗的贵宾车队在首都招摇过市开往北部山区。第二天凌晨 4 点半，基辛格一行就悄悄直奔飞机场，登上了早已为他准备好的中国飞机飞往北京。

　　作为第一个访问中华人民共和国的美国政府官员，又担负着如此重大的责任，基辛格在飞行途中忐忑不安，当飞机抵近北京上空时他竟真的肚子疼起来，他日后自嘲可能是上帝以此来惩罚他说了谎话。当天下午，基辛格就与周恩来总理进行了会谈，首次会谈根本没有大多数人设想的那种轻松、亲切感，而是在极为肃穆的气氛中开场的。周恩来首先严肃批评了美国在越南、中国台湾等问题上的错误政策，严正阐明中国的立场；一贯巧舌如簧的基辛格竟表现出少有的拘谨，恭恭敬敬地聆听。随后，出于搁置争议、先商定尼克松总统访华事宜的宗旨，会谈气氛才渐渐活跃起来。

图 9-4　周恩来总理接见秘密来访的基辛格，1971 年 7 月 9 日

　　但是，在商议起草公告时，中美双方谈判人员在如何措辞的问题上又发生了激烈的争执，出于对面子的考虑，双方都不愿意在公告中显示出自己是主动示好的一方：中方要求写上中国接受尼克松访华请求一类的字句，而美方则坚持要写尼克松接受中国的访华邀请。周总理做最后定夺，他以特有的智慧轻松解决了这个争执。公告最后的定本为："获悉尼克松总统希望访问中华人民共和国，周恩来总理代表中华人民共和国政府邀请尼克松总统于 1972 年 5 月以前的适当时间访问中国。尼克松总统愉快地接受了这一邀请。中美两国领导人的会晤，是为了谋求两国关系的正常化，并就双方关系的问题交换意见。"如此措辞，中美双方都觉得不丢面子，皆大欢喜：美国可以将之解释为中国发出了邀请，尼克松接受了邀请；而中国则能将之解释为是尼克松表示了想访问中国的意愿，中国政府才邀请他来访的。

　　7 月 11 日，基辛格又悄然回到伊斯兰堡，随后回到美国。他这次神秘的访问，不久将震惊世界。根据中美双方的约定，在基辛格回国之后的 7 月 15

日，中美同时发表了那份关于尼克松访华事项的公告，全世界惊愕不已。当美国政府自身改变对中国的态度之时，那些曾受美国影响和约束的国家自然赶紧实施它们久已期待的对华政策调整。基辛格秘密访华后的 5 个月内，10 个国家与中国建立了外交关系，更有澳大利亚、日本、联邦德国等另外 18 个国家在 1972 年与中国建交。

中国恢复联合国合法席位

基辛格的秘密访华还产生了一个美国并不急于看到的效果。在 1971 年的第 26 届联大上，尽管美国政府和国民党集团依然想将中华人民共和国阻止在联合国之外，但它们大势已去。在 10 月 25 日例行的"中国代表权问题"投票表决中，联大最终以 76 票赞成、35 票反对、17 票弃权通过了第 2758 号决议，宣布"承认中华人民共和国政府的代表是中国在联合国的唯一合法代表，中华人民共和国是安理会五个常任理事国之一"。窃据中国席位 22 年的国民党集团代表黯然地离开了联合国大厦。

当联合国秘书长吴丹将第 26 届联大的决议告知中国政府并邀请中国派代表团出席联合国大会时，中央高层一些极"左"分子竟主张不要派团出席联大，以免与帝国主义"同流合污"。理智务实的毛泽东主席没有受其影响，他以"不入虎穴焉得虎子"的谚语来比喻中国进驻联合国的决定，并劝告那些反对的人说，是非洲兄弟们把我们抬进联合国的，不去不好，会脱离群众。

图 9-5　中国驻联合国代表团乔冠华和黄华在第 26 届联大会场

1971 年 11 月 15 日，由毛主席钦点的外交部副部长乔冠华率领中国代表团雄赳赳、气昂昂地步入了联合国大会会场，受到许多国家代表团的热烈欢迎。基辛格完全没有料到由自己秘密访华引发的冲击波会来得那么猛烈和迅捷。在联大表决的当天,基辛格正在北京进行他的第二次访问,他曾颇为自信地对周恩来称:估计今年你们还是进不了联合国。结果,他回到美国一走下飞机便得知了中国加入联合国的消息。

三、尼克松访华和《上海公报》

中美关系中的障碍

由基辛格秘密访华达成的尼克松总统访问中国的协议,使中美关系开始解冻。尼克松将它看作自己任内一个非凡的外交成就,将对他在 1972 年的美国总统大选中连任产生极大的积极影响。但是,对美国来说,要实现让中国为己所用以对抗苏联势力扩张的战略目标,还有很长的一段路要走。

与美国相比,中国从基辛格访华一事中获得了较多的利益。美国对华政策立场出现的松动,一下子就使中国的国际战略环境发生了巨大的变化,中国首先利用这个变化恢复了早应该获得的在联合国中的合法权利;而跻身安理会五大常任理事国行列,又促使更多的国家积极追求与中国关系的正常化。

在相互敌对 20 多年后,中美之间还存在着一些难以调和的矛盾。在美国放弃此前一系列对华遏制政策和措施之前,尤其是在台湾问题上对中国做出实质性让步之前,中国似乎也不急于与美国进入下一阶段的关系。因此,自基辛格第一次访华到尼克松总统访华的半年多时间里,中美之间的进一步谈判协商显得很不顺畅。基辛格于 1971 年 10 月再度访华。美国总统国家安全事务副助理亚历山大·黑格(Alexander Meigs Haig)于 1972 年 1 月访华,除了与中方商谈尼克松总统访华的一些具体安排外,其更主要的任务是商谈如何定位美国总统正式访华后中美两国的关系。台湾问题立即成为中美双边谈判中无法跨越的障碍。中国方面坚持一贯的立场:中华人民共和国是中国唯一合法的政府,台湾是中国的一个省,美国必须撤出台湾。但美国政府内外存在着巨大的亲台反共派势力,尼克松和基辛格等人无法避开美国国会中众多的亲台派议员的掣肘。如果尼克松政府强行推动中美关系向前发展,势必会在美国政坛引起轩然大波,危及尼克松最看重的连选连任美国总统的计划。在美方的一再辩解之下,中国方面做出了一定的让步,同意将中美之间最关键的问题留待尼克松访华时由中美最高领导人协商确定。

尼克松访华

1972 年 2 月 21 日上午 11 点半，尼克松总统及夫人率由基辛格、国务卿罗杰斯（William P. Rogers）等美国政府要员组成的庞大代表团抵达北京机场，开始了为期一周的中国之行。

为了给他的总统竞选造势，尼克松特地选定了这个美国电视节目的黄金时间到达北京并进行电视新闻直播。然而，令尼克松颇为失望的是，他没有见到预想中热烈盛大的欢迎场面，首都机场上冷冷清清，没有令人眩目的鲜花与彩带，没有迎接国家元首的红地毯，也没有轰隆作响的礼炮，只有一面美国国旗和一面五星红旗并排在机场上空飘扬，机场边缘还矗立着一排巨幅大红标语牌："全世界无产者和被压迫人民、被压迫民族联合起来。"周恩来在机场主持了简单的欢迎仪式，陪同尼克松检阅了三军仪仗队，随后就驱车直奔钓鱼台国宾馆，一路上没有夹道欢迎的人群，显得中国人似乎根本不知道美国总统来访这样重大的事件。

这样的场面是中国方面按照毛泽东"不冷不热、不卑不亢"的事先指示有意安排的，原因在于中美之间在一些重大问题上的矛盾尚未解决，在美国还与台湾当局保持着外交关系的条件下，中美双方理论上还没有任何的外交关系。中方一些人觉得，让尼克松检阅三军仪仗队，已经是按国家元首的规格给了他很高的礼遇。

图 9‐6　尼克松在北京机场检阅中国人民解放军仪仗队，1972 年 2 月 21 日

中美最高级会晤

当天下午,毛泽东主席在他的书房接见了尼克松和基辛格,宾主进行了亲切友好的会谈,毛泽东在会见中做出了可以暂时不理会台湾问题的表示。这次会谈的成功致使中方改变了起先严肃的接待风格,当天晚上周恩来设国宴隆重招待尼克松一行,宴会上演奏起尼克松总统最喜欢的乐曲《美丽的亚美利加》,让尼克松倍感亲切。尼克松在宴会致辞中援用毛泽东的诗句"多少事,从来急,天地转,光阴迫,一万年太久,只争朝夕",来形容美国改善中美关系的迫切期望,把宴会气氛推向了高潮。此后中方也表现得越来越热情。当中方得知尼克松有参观长城的愿望而不巧北京正好下了一场大雪时,政府立即召集了 10 多万北京市民连夜扫雪,开通了从钓鱼台到八达岭的通道,这不仅令尼克松感动,也让他惊叹于中国政府的号召力。

图 9-7　毛泽东主席接见尼克松总统,1972 年 2 月 21 日下午

中美联合声明的拟制

但是,在所有这些热情洋溢的表象背后,中美之间围绕核心问题的争执是十分激烈的。当尼克松一行到处参观之时,乔冠华和基辛格等人长时间关在房间里,逐字逐句地辩论、审核,起草中美联合声明的文本,周恩来总理间或也参与文本的审定。从尼克松一行抵达北京起,一直到他们访问杭州和上海的几天中,联合公报始终在讨论之中。

美国代表团中的国务卿罗杰斯等人不断提出质疑,迫使基辛格无奈地几次请求乔冠华同意修改已定稿的文本。罗杰斯身为国务卿,名义上是美国外交政策的具体负责人,但他却一直只能充当总统安全事务顾问基辛格的配角,不仅被排斥在打开中国大门的探索行动之外,连尼克松与毛泽东的会谈竟然也没能参与,他当然愤愤不平,故他以美国国会中强烈的反对派舆情为后盾,给基辛格大出难题。周恩来总理注意到了罗杰斯受到的冷落，在上海时特意亲自去罗杰斯所住的宾馆房间拜访，这才使罗杰斯的心头怨气稍稍舒展。

中美双方领导人都意识到，中美两国在20多年的对峙中已经积累了无数矛盾，加上台湾问题的死结，相互之间存在着一条鸿沟，要在短期内填平这条鸿沟显然是不现实的，因此不妨容忍鸿沟的存在，而致力于在这条鸿沟上面架设一座桥梁，以便通过这座桥梁做进一步的协商。这一务实的态度使尼克松访华最终取得了一定的成果。

按照一般的国际惯例，两个国家的联合声明或联合公报通常只提双方达成的共识，而略去双方的矛盾不提。但周恩来认为不公开提出相互间的矛盾并无助于矛盾的解决，且可能会引起中国盟友的误解，故坚持要在公报中提出各自不同的立场。这个提议也符合尼克松和基辛格的心思，他们觉得，在公报中表明美国的立场可以抵挡美国国会中反对派势力的责难，因此欣然同意了周恩来的建议。最后形成的联合公报实际上是一份"联而不合"的公报，中美双方在同一份公报中阐述了各自的观点和立场。这些观点和立场中有一些是大相径庭甚至是截然相对的。这也算是世界外交史上的一个奇迹。

《上海公报》

在1972年2月28日尼克松从上海返回美国的当天，中美两国发表了联合声明，因在上海发布，故一般称为《上海公报》。公报大致分为三个部分。

第一个部分是关于国际事务双方各自表达自己的立场。中国方面以"哪里有压迫，哪里就有反抗。国家要独立，民族要解放，人民要革命，已成为不可抗拒的历史潮流"的表述作为开头，阐述了中国政府关于印度支那、朝鲜半岛和印巴冲突等国际问题的立场；随后美方阐述了美国政府对这些问题的立场。

第二个部分是中美共同宣布一些双方达成的共识，包括各国不论社会制度如何，都应根据和平共处的原则来处理国与国之间的关系；任何一方都不应该在亚洲－太平洋地区谋求霸权，每一方都反对任何其他国家或国家集团建立这种霸权的努力；中美两国关系走向正常化符合中美两国人民和所有国家的利益，并会对缓和亚洲及世界紧张局势做出贡献；为扩大两国人民之间的了解，中美在科学、技术、文化、体育和新闻等领域发展进一步的联系和交流。

《上海公报》最重要的是其第三个部分，即双方就中美两国之间长期存在的争端各自声明立场。中国方面重申："台湾问题是阻碍中美两国关系正常化的关键问题；中华人民共和国政府是中国的唯一合法政府；台湾是中国的一个省，早已归还祖国；解放台湾是中国内政，别国无权干涉；全部美国武装力量和军事设施必须从台湾撤走。中国政府坚决反对任何旨在制造'一中一台'、'一个中国、两个政府'、'两个中国'、'台湾独立'和鼓吹'台湾地位未定'的活动。"

美国方面则声明："美国认识到,在台湾海峡两边的所有中国人都认为只有一个中国,台湾是中国的一部分。美国政府对这一立场不提出异议。它重申它对由中国人自己和平解决台湾问题的关心。考虑到这一前景,它确认从台湾撤出全部美国武装力量和军事设施的最终目标。在此期间,它将随着这个地区紧张局势的缓和逐步减少它在台湾的武装力量和军事设施。"

《上海公报》中的上述这两段话代表了当时中美关系的实质,这也是在起草公报时双方谈判代表激烈争论的焦点。对中国方面来说,美国以"不提出异议"这样的表述正式承认了"一个中国"的原则,这为1979年中美《建交公报》及1982年《八一七公报》奠定了良好的基础。

附录

本章大事年表

1969 年

1 月	尼克松就任美国总统
2 月下旬	尼克松请戴高乐转告中国领导人美国与中国对话的意愿
3 月	中苏珍宝岛冲突
7 月 21 日	美国国务院宣布放宽对中国的贸易和到中国旅行的限制
7 月下旬	尼克松分别请叶海亚·汗和齐奥塞斯库向中国领导人传话
8 月 13 日	铁列克提事件
8 月下旬	美国媒体披露苏联对中国进行"外科手术式"核打击的意向
9 月 11 日	周恩来与柯西金的北京机场会见

1970 年

1 月 20 日	美国国务院发言人第一次公开使用"中华人民共和国"的正式名称;中美第 135 次大使级会谈在华沙

	复会
3月18日	美国策动柬埔寨政变
4月24日	中国成功发射第一颗人造地球卫星
4月24日—25日	印度支那三国四方会议
5月20日	毛泽东发表"五二〇声明"
6月	美国宣布将撤出入侵柬埔寨的美国军队
9月27日	尼克松在接受采访时再次表达他打开中美关系的强烈愿望
10月1日	毛泽东邀请著名美国记者埃德加·斯诺登上天安门城楼
11月14日	叶海亚·汗亲口向周恩来转达尼克松希望派特使访华的请求
12月8日	美国政府收到周恩来同意接待美国总统特使的口信

1971年

4月10日—17日	美国乒乓球代表团应周恩来总理邀请访问北京
4月21日	中国通过巴基斯坦外交渠道向美国确认愿意接待美国总统特使
7月6日	尼克松总统发表堪萨斯演讲，提出"五极均势"概念
7月9日—11日	基辛格秘密访华
7月15日	中美同时发表公报，宣布尼克松访华计划
10月20日—26日	基辛格第二次访华
10月25日	中华人民共和国恢复在联合国中的合法权利
11月15日	中国代表团首次参加联合国大会

1972年

1月	美国总统国家安全事务副助理亚历山大·黑格访华
2月21日—28日	尼克松总统访问中国
2月21日	毛泽东会见尼克松
2月28日	中美联合发表《上海公报》

重要知识点

五极均势　　尼克松　　基辛格　　叶海亚渠道　　基辛格秘密访华
中国恢复联合国席位　　尼克松访华　　《上海公报》　　台湾问题

思考题

1. 中美关系解冻的国际背景和两国各自的决策动力。
2. 个人在外交政策决策和执行中的作用。
3.《上海公报》反映的中美关系实质状态。

延伸阅读

张曙光著:《接触外交:尼克松政府与解冻中美关系》,世界知识出版社,2009 年。

陶文钊主编:《中美关系史(1949—1972)》,上海人民出版社,1999 年,第7 章。

姜长斌、[美]罗伯特·罗斯主编:《从对峙走向缓和:冷战时期中美关系再探讨》,世界知识出版社,2002 年。

[美]理查德·尼克松著:《尼克松回忆录(中册)》,裘克安等译,商务印书馆,1979 年。

何慧著:《尼克松与中国:半个世纪的不解之缘》,河南人民出版社,2005 年。

[美]丹·考德威尔著:《论美苏关系——1947 年至尼克松、基辛格时期》,何立译,世界知识出版社,1984 年,第 8 章。

[美]亨利·基辛格著:《白宫岁月:基辛格回忆录》,杨静予、范益世、殷汶祖等译,世界知识出版社,1980 年,第 3 卷第 19 章,第 4 卷第 24 章。

[美]迈克尔·沙勒著:《二十世纪的美国和中国》,王杨子、刘湖译,光明日报出版社,1985 年,第 8、9 章。

第十章 确保安全:70 年代的中国外交

自 20 世纪 60 年代末起,中苏之间的矛盾不再是两个社会主义国家之间基于意识形态分歧的争斗,而主要是两个邻国之间基于国家安全利益考虑的冲突。针对苏联在国际上奉行的扩张政策,从 1969 年开始,中国的宣传口径中更频繁地用"社会帝国主义"、"霸权主义"和"新沙皇"等词语来指称苏联,而"修正主义"一词的使用频率逐渐减少。所谓"社会帝国主义",就是指打着"社会主义招牌的帝国主义",与"霸权主义"的意义基本一致。在苏联成为中国国家安全最大威胁的情况下,中国在国际政治舞台不遗余力地执行反对苏联扩张主义的政策,这一 70 年代的外交总方针一直到持续到 80 年代初。

一、70 年代的苏联霸权扩张

苏联迅猛的扩张势头

苏联在 20 世纪 60 年代末萌生了在军事领域赶超美国的强烈欲望,勃列日涅夫当政时期(1964—1982 年),苏联的军事实力得到全面、迅速和空前的增强,军费开支增长率始终保持在 4%—5%的水平甚至更高;70 年代中期,苏联军费开支在国民生产总值中的比例一般占 11%—13%,高出同期美国的 5%—6%的一倍多。1973 年苏联的军费总额达到 860 亿美元,已略略超出美国的 790 亿;到 1980 年,苏联 1750 亿美元的军费开支大大高出美国的 1150 亿美元。苏联军事人员从 1965 年的 331 万人增至 1976 年的 427 万人,而同期美军的总兵力却由 266 万人减至 208 万人,苏联的兵力比美国多出 200 万人。据 80 年代中期美国中央情报局统计的数字,在全面衡量战略武器的 13 项主要指标中,苏联已有 10 项居领先地位。

凭借日益强大的军事实力,苏联逐渐形成了全球性的扩张战略。苏联领导人公开提出要"不停顿地开展历史性进攻",声称苏联作为强大的国家对世界事务"负有特殊的责任","世界上没有一个角落不是苏联所关心的"。到 70

年代中期,苏联进攻性战略的目标已非常明确,勃列日涅夫曾在 1975 年的内部讲话中宣称:给我 10 年时间的缓和,我将主宰世界。他还表示他相信苏联"到 1985 年大概就可以在世界任何地方行使自己的意志"。

苏联的战略进攻态势大致有以下几个表现:加强对东欧社会主义国家的控制,巩固以华沙条约国组织为主体的后方基地;以"缓和"幌子为手段加紧分化西欧同美国的关系,动摇以美国为主导的西方阵营;利用中东和战不定的局面在阿拉伯世界占据尽可能多的阵地;南向印度洋扩张,并进而向东南亚渗透,从美国的薄弱环节入手实施迂回包抄;在非洲大陆全线出击;在美国的集体防御体系中寻找节点、打入楔子。

图 10 - 1　苏联领导人勃列日涅夫,
1964—1982 年执政

苏联在第三世界国家中的扩张最为成功,它打着支持民族解放运动的旗号,将其活动范围从传统的欧亚大陆伸展到了南亚、东南亚、中东、非洲和拉丁美洲等地区,在这些地区扩大苏联的势力范围与影响力,排挤和削弱美国的阵地与作用,争夺战略资源、抢占战略要地和海上战略通道。从 70 年代到 80 年代初,苏联向 70 多个第三世界国家提供"经援"和"军援",与十多个国家签订了带有军事同盟性质的"友好合作"条约,并在一些国家建立了海、空军基地;截至 1983 年,苏联在第三世界国家中建立了 31 个可供它使用的海、空军基地。美国惊呼:苏联在第三世界对美国的安全"构成了最突出的直接威胁"。

苏联对中国的压力

苏联的扩张政策不仅仅挑战了美国的全球霸权地位,也对中国构成了严重的安全威胁。除了在中苏、中蒙边境陈兵百万以外,苏联不断拉拢和支持印度的姿态也日益使中国担忧。苏印关系自 1962 年中印战争之后更加密切,在 1965 年的第二次印巴战争期间,中国表现出坚决支持巴基斯坦的立场,而苏联则帮助面临两线作战危险的印度迅速结束了战争,令印度大为感激;1971 年 8 月苏印签订《和平友好合作条约》,形成了某种准军事同盟性质的紧密关系。正是在有苏联撑腰的条件下,印度于同年 11 月果断发动第三次印巴战争,大举入侵东巴基斯坦(孟加拉国),最终达到了武力肢解巴基斯坦的目的。苏联对印度的大力支持,实际上是中印关系迟迟得不到改善的最重要原因。

与此同时,苏联暗中在中国的西部邻国阿富汗策划政变,于 1973 年扶植穆罕默德·达乌德汗(Mohammed Daoud Khan)建立军人独裁的阿富汗共和国,此后与阿富汗共同策划"俾路支斯坦(Balochistan)计划",企图挑动巴基斯坦西部的俾路支人独立,以进一步肢解巴基斯坦。当达乌德汗试图摆脱苏联控制、逐渐采取亲西方政策之时,苏联又于 1978 年 4 月策动政变,建立起阿富汗人民共和国;1979 年 12 月,苏联再一次支持亲苏派分子卡尔迈勒(Babrak Karmal)发动政变,并派遣 8 万多名苏联军队公然入侵阿富汗,维持卡尔迈勒政权的统治。苏联对阿富汗的这一系列从干涉、颠覆到直接入侵的行动,实际上继承了沙俄时代早就有的"南下政策",其目标是获得自由进出印度洋的通道,以利于实施谋求全球霸权的战略。

图 10-2　苏军入侵阿富汗,1979 年 12 月

让中国感到直接压力的是苏联在印度支那的图谋。苏联在越南战争前期对支持越南的抗美斗争并不十分积极,大有袖手旁观之势。但 1969 年胡志明主席去世后,以黎笋为首的新一代越南领导人逐渐对中国采取猜忌、提防的态度,苏联乘隙而入,加大对越南的支持,并不断挑唆中越关系。

苏联的努力逐渐取得了成效,越南在实现全国解放之后很快成为苏联最得力的"小伙伴"。1975 年 10 月,苏越两党领导人发表"苏越宣言",确定两党两国进行全面合作,在国际问题上密切配合。在苏联的积极支持下,越南加紧实现其建立"印支联邦"的梦想,严密控制老挝,威胁不愿顺从的民主柬埔寨政权。在 1978 年 11 月苏越签订"友好合作条约"后,苏联从越南长期(1979—2004 年)租借了战略地位极其重要的金兰湾军事基地。苏联支持下的越南当局肆无忌惮地推行一系列反华政策,给中国的国家安全造成严重的威胁。

"亚安体系"

除了上述这些动作之外,苏联还有一个建立"亚洲集体安全体系"的外交战略。这个所谓的"亚安体系"计划,由苏联在 1969 年提出。勃列日涅夫在当年 6 月召开于莫斯科的各国共产党和工人党会议上宣称,亚洲不同社会制度的国家应进行合作,相互承认,互不侵犯,各国应实行区域合作,建立亚洲的集体安全体系,以保证南亚和东南亚国家的中立化。

此后,"亚安体系"成为苏联外交的一项重要目标,苏联在 70 年代中曾派出过 20 多个代表团向亚洲各国兜售其"亚安体系"计划。无论苏联的口号喊得如何好听,"亚安体系"的实质是苏联企图分化、控制亚洲国家,取代美国成为亚洲的盟主,尤其想削弱中国在亚洲四邻中的影响力,形成遏制中国的封锁线,正如周恩来在公开场合一针见血指出的那样:苏联的"亚安体系"无非就是"把杜勒斯的破烂货再捡起来,就是'包围圈'嘛!"尽管"亚安体系"最终没有建立起来,但苏联频繁的外交动作,对中国的国际战略空间形成了很大的压力。

二、"一条线、一大片"方针

随着苏联霸权扩张势头的不断加强和对中国国家安全威胁的日益加大,中国从 70 年代初起逐渐确立了以反对苏联霸权主义为首要任务的外交总方针。中国领导人正确地判断出在美苏争霸的格局中已出现了"苏攻美守"的态势,苏联已成为最危险的战争策源地。在国际场合,中国对苏联扩张政策的批判越来越公开、越来越直接,抓住一切机会揭露苏联霸权主义的危险性。

反苏方针的提出

在外交政策的具体执行过程中,中国抛开了意识形态的束缚,不再只看重其他国家的社会制度和政治倾向的性质,努力争取任何可以争取的力量来抵御苏联的威胁。在 1972 年 2 月尼克松访华之后,中国趁热打铁,力争与美国和西方国家建立更紧密的反苏合作,这种政策倾向体现在"一条线、一大片"的外交方针上。

"一条线、一大片"方针在 1973 年年初被正式提出。1973 年 2 月 17 日会见来访的美国国务卿基辛格时,毛泽东表示完全赞同尼克松总统关于中美携手抵抗苏联扩张的主张,甚至用非常坦率的语气对基辛格说:"只要目标相同,我们也不损害你们，你们也不损害我们，共同对付一个王八蛋。"毛泽东还对基辛格谈了自己的设想："我说要搞一条横线，就是纬度，美国、日本、中国、巴基斯坦、伊朗、土耳其、欧洲。"在这场会谈中，毛泽东奉劝美国从遏制苏联扩张的角度出发，加强同欧洲和日本的团结，不要因为细枝末节的问题纠缠不休。

1974年1月，毛泽东在会见日本外相大平正芳时再一次谈论了这个战略设想。在这段时期里，"一条线、一大片"方针在中国外交决策中得到了清晰化，其中的"一条线"被界定为"从中国经日本，南到澳大利亚、新西兰再到美国，向西经过巴基斯坦、伊朗、土耳其到欧洲"；"一大片"则是指这条线周围的国家。团结、争取这条线上和线周围的国家组成反对苏联扩张的联合防线，以求冲破苏联在中国四周设置的包围圈，成为此后中国外交政策执行中的指针。

中日关系的密切化

"一条线"上的国家大多是西方阵营的资本主义发达国家或与西方关系密切的亚洲国家，由于中国在尼克松访华前后与这些国家普遍建立了外交关系，中国十分看好这个方针的可行性。

具体来说，这个方针的政策重点有两个。一是加强同日本的关系。中日在1972年9月实现了邦交正常化，结束了20多年的不正常状态。此后中国对日本的看法发生了根本性的改变，把日本视为反苏斗争中的一支重要力量，宣传口径上也不再反复提"美国帝国主义蓄意复活日本军国主义"之类的观点。

争取日本坚决反对苏联的一个策略是支持日本民众收复"北方四岛"的要求。毛泽东在1964年时就表示过这样的立场，引发了中苏之间一场激烈的口水战。

另一个策略是在《中日和平友好条约》的谈判中坚持加入"反霸"条款，迫使日本明确其反对苏联霸权主义的立场。这个努力遇到了很大阻力，日本政府一方面受国内舆论的影响，另一方面受到来自苏联方面的压力，一直不愿同意写入中国提出的"反霸"条款，致使条约的谈判几经搁浅，直到1978年8月条约才得以签订。该条约的第二款为："缔约双方声明：任何一方都不应在亚洲和太平洋地区或其他任何地区谋求霸权，并反对任何其他国家或国家集团建立这种霸权的努力。"

中国在当时把《中日和平友好条约》的签订看作中国外交的一个胜利，条约的签订也促成了中国领导人邓小平于1978年10月访问日本，这是中华人民共和国领导人第一次访问日本，使中日关系上了一个新台阶。

中国对西欧国家的期待

"一条线、一大片"方针的第二个政策重点是推动西欧国家联合对抗苏联。70 年代的西欧在经济一体化方面出现了突破,1973 年,3 个欧洲最重要的国家英国、丹麦、爱尔兰一道加入欧共体,欧共体实现了第一次扩大。中国将欧共体的扩盟看作有利于西欧联合抵抗苏联的事件,因此大为欢迎,一再声明中国"希望有一个更团结一致、更富饶和更有组织的欧洲","我们历来主张有一个强大的联合的欧洲来对付苏联的挑战"。

中国努力向西欧国家揭露苏联战略的真实意图,强调苏联对西欧的潜在威胁。毛泽东在 1972 年 7 月接见法国外长时明确指出,"苏联的政策是声东击西,口里讲要打中国,实际上是要吞并欧洲"。邓小平副总理也在 1974—1975 年间会见西方国家领导人的多次场合中警告苏联的野心:"苏联的重点还是同美国争夺世界,首先争夺欧洲","因为欧洲,主要是西欧,不但政治上重要,经济上重要,军事上也重要","苏联要闹事,首先在西方",等等。

但是,苏联当时的"缓和"策略似乎更为成功,西欧国家并没有中国期待的那样表现出对苏联的同仇敌忾,相反,苏联成功地推动了"欧洲安全与合作会议"的召开。这次从 1973 年 7 月持续到 1975 年 7 月的"欧安会"由美国、加拿大及 33 个欧洲国家参加,一时间显示出了东西方阵营之间心平气和的迹象。而且,西方国家在 1975 年签署的欧安会《最后文件》中实际上对苏联做出了很大妥协,主要是以法律的形式承认了苏联从二战以来获得的大约 48 万平方公里的领土扩张,也默认了苏联对东欧的控制地位。

三、中国式的"三个世界"理论

20 世纪 70 年代中国外交还有一个重要的领域,那就是广大的亚非拉发展中国家和地区。由于苏联在亚非拉地区的霸权扩张总躲在"支持世界人民革命事业和民族解放运动"的旗号下进行,因此它的扩张战略具有相当大的欺骗性。中国必须努力向广大亚非拉国家揭露苏联的霸权主义本质,抵制苏联在这些国家和地区的影响力。中国在这一领域的外交斗争,集中体现了毛主席提出的重新划分"三个世界"的理论。

原始的"三个世界"概念

"三个世界"的说法早已有之，在 1950 年代初法国经济学家和社会学家阿尔弗雷德·索非（Alfred Sauvy）提出"第三世界"的概念之后，西方在 20 世纪 50 年代里逐渐形成了"三个世界"的概念。具体来说，西方人所说的"第一世界"是以美国为首的资本主义阵营，"第二世界"是以苏联为首的社会主义阵营，而"第三世界"则是指两大阵营之间的一大批刚获得独立的新国家。这种划分主要是以冷战格局中两大阵营的意识形态倾向为标准，按照这种标准，中国与苏联一样，被划入"第二世界"；这显然不符合 70 年代中国反对苏联霸权主义扩张的战略意向。于是，中国提出了中国式"三个世界划分"理论。

中国式的"三个世界划分"

1974 年 2 月，毛泽东在会见赞比亚总统卡翁达（Kenneth David Kaunda）时说："我看美国、苏联是第一世界。中间派，日本、欧洲、澳大利亚、加拿大，是第二世界。咱们是第三世界。""亚洲除了日本，都是第三世界，整个非洲都是第三世界，拉丁美洲也是第三世界。"这是中国方面首次提出"三个世界划分"理论。

1974 年 4 月 10 日，邓小平在联合国大会第六届特别会议上发言，全面阐述了毛泽东关于"三个世界划分"的理论，并说明了中国的对外政策。他指出：从国际关系的变化看，现在的世界实际上存在着互相联系又互相矛盾着的三个方面、三个世界；美国、苏联是第一世界，亚非拉发展中国家和其他地区发展中国家是第三世界，处在这两者之间的发达国家是第二世界；中国是一个社会

图 10 - 4　邓小平副总理在联大第六届特别会议上发言，1974 年 4 月 10 日

主义国家,也是一个发展中国家,中国属于第三世界。中国同大多数第三世界国家具有相似的苦难经历,面临共同的问题和任务。中国把坚决同第三世界其他国家一起为反对帝国主义、霸权主义、殖民主义而斗争看作自己神圣的国际义务。

中国式"三个世界划分"的意义

从 1974 年起,中国式的"三个世界划分"成为中国的外交口径和报刊媒体中最频繁的宣传口号,原始的西方式的"三个世界"概念反而被人淡忘了。

中国式的"三个世界划分"不是以发达或不发达的经济发展水平来确定国家的归属,因为"第三世界"中的一些国家如阿根廷等当时的发展水平不亚于一些欧洲国家;也不是以地理位置划分归属,因为日本、加拿大、澳大利亚等国家被划为一类;也不是以国家独立的时间先后来划分,因为虽然"第三世界"中的大多数国家是二战以后新兴的民族国家,但其中的拉美国家早在 19 世纪初期就普遍获得了独立;更不是以意识形态、社会制度来区分归属,因为一些"第三世界"国家的政治制度和社会形态类似于西方资本主义国家,而东欧社会主义国家却被认为是"中间派"与西欧资本主义国家为伍。

"三个世界划分"口号在 20 世纪 70—80 年代中对中国外交努力具有极其重大的意义,其意义体现在三个方面。

第一,与阿尔弗雷德·索非最初参照法国革命前"第三等级"概念而提出"第三世界"的初衷一样,中国式的"三个世界划分"也突出亚非拉发展中国家作为一个集团在国际政治中的重要地位,强调"第三世界"在反对霸权主义斗争中发挥的巨大作用;"第三世界"国家的团结斗争,将打破美苏争霸的两极国际格局,使国际政治出现更大的多元性。

第二,将苏联划为与美国并列的"第一世界",将很好地揭露苏联霸权主义的帝国主义本质,揭下苏联在许多亚非拉国家面前的伪装,也有助于中国在对外交往中将美苏各自的盟国("第二世界")争取过来,共同反对两个超级大国争霸世界的扩张政策;

第三,也是最重要的一点,中国将自己划入"第三世界",表明了中国与广大亚非拉国家之间的共性,有助于促进这些国家对中国的认同感,帮助中国扩大在这些国家中的影响力,把它们团结在反对超级大国扩张侵略政策的旗帜下。

四、中美关系的波折

中美关系正常化是中国能够有效抵制苏联扩张势头的关键所在，正如毛泽东亲口所说，"中美关系正常化是一把钥匙，这个问题解决了，其他的问题就迎刃而解了"。但是，尽管尼克松访华启动了中美关系正常化的开端，但在此后将近 7 年的时间里，中美关系历经坎坷，风波不断。

尼克松的下台

尼克松出于中长期的战略考虑，努力打开了与中国的关系，这是符合美国国家利益的举动，它使美国的战略态势得到了一定的改善。由于这是在中美之间 20 多年的对峙后实现的一种"外交革命"，有着相当大的难度，故尼克松的治国才能得到了美国多数民众的认可，他因此如愿以偿，轻松地赢得了 1972 年的美国总统选举。鉴于《上海公报》中多处提到两国关系"正常化"的字样，当时和后来的不少人均理所当然地推测，尼克松在 1972 年访华期间私下向中国领导人做出了承诺，一旦他连任总统就将推动两国正式建立外交关系。

这种推测虽然符合逻辑，但却没有任何依据。作为一个经验丰富甚至称得上"老奸巨猾"的政治家，尼克松不会也没有必要对中国领导人许下这样明确的承诺。但在 1972 年 2 月 21 日那次与毛泽东主席进行的海阔天空式的会谈中，尼克松的确是做出过一些类似的暗示，大意是：你们会了解我这个人的，我从来不说超出我行动范围的话，但我的行动肯定会超出我说的话。尼克松对中美建交的承诺一直到他就任第二任总统后才做出。1973 年 2 月，他委派新任国务卿基辛格再次访问中国，在这次访问中，基辛格代表尼克松答应将在第二任总统任期的后两年中与中国正式建交。

但尼克松的这个承诺很快成了空头支票，因为他不久就卷入了"水门事件"，根本没有精力顾及中美关系的进展。在与丑闻相伴一年半之后，尼克松于 1974 年 8 月黯然辞去总统职务，成为美国历史上唯一一个自动辞职的总统。基辛格虽然留任国务卿直到 1977 年年初，但他在美国政府决策中的影响力与他此前已不可同日而语。

在 1973 年 2 月基辛格的访问中，中美双方达成了一项协议，即在美国继续与台湾当局保持外交关系的情况下，中美相互建立"联络处"（Liaison

Office),充当中美之间常规的外交渠道。这个名称古怪的机构名义上虽是"半官方"性质的,但其实际地位远远高于美台之间的"大使馆",中方第一任驻美联络处主任是资深外交官、前驻法国大使黄镇,美方第一任(1973 年 5 月—1974 年 9 月)驻中国联络处主任是前驻法国大使戴维·布鲁斯(David K. E. Bruce),第二任(1974 年 10 月—1975 年 12 月)主任是前美国驻联合国大使、日后担任美国总统的老布什(George H. W. Bush)。

软弱的福特政府

但是,从那以后,中美关系陷入了长期的停滞不前,甚至有所倒退,其原因不仅有横在两国之间的台湾问题的复杂性和艰难度,还有两国政府各自的意向问题。

在美国一方,尼克松辞职之后美国政府的行政和立法部门基本上处于对抗状态,行政部门很难采取有创造性的大胆措施。而继尼克松担任美国总统的福特(Gerald R. Ford),先是作为美国众议院共和党领袖被任命为副总统,而后又升任总统,是美国历史上唯一一个没有经过选举的总统,他的总统职位的合法性大受怀疑,因此腰杆不硬;福特又急切希望在下一次的总统竞选中取胜,故时刻顾及美国国内的亲台反华舆情和共和党内右翼派实权人物的脸色,不敢越雷池一步。

在对外政策方面,尼克松在打开与中国关系的同时也追求与苏联的缓和,而勃列日涅夫等人也有着暗中积累苏联力量、表面与美国进行缓和对话的既定政策,故从 1969 年起,美苏展开了限制战略武器的谈判,至 1972 年 5 月签订了《关于限制反弹道导弹系统条约》等协议,并进行进一步的军备控制谈判;1973 年 6 月苏联领导人勃列日涅夫访问美国,使美苏关系出现了相当缓和的状态,一时被西方称为美苏"蜜月"。福特总统继任后基本上遵循尼克松的对苏缓和策略,不愿或不能看透苏联缓和策略背后的险恶用意。在对华政策方面,福特满足于向苏联表现出中美和好的状态,不愿进一步推进中美关系,这样做既可以不得罪美国国内强大的亲台势力,又可以把中美关系现状当作诱使苏联做出妥协的筹码。

由于中美两国国内政治气氛的干扰,中美关系在 1975 年甚至出现了某种倒退迹象。根据中美间的文化交流协议,中国原定在 1975 年 3 月派一个艺术团赴美国进行访问演出,但美国接待方受亲台势力的影响,要求中国访美艺术团将节目单中的歌曲《台湾同胞,我的骨肉兄弟》剔除,遭中国方面拒绝后,美国宣布无条件推延该艺术团的访美演出。同年 10 月,美国方面竟允许十四世达赖喇嘛麾下西藏流亡集团派"西藏歌舞团"赴美做访问演出,并允许西藏叛乱分子在美国设立"办事处",遭到中国政府的强烈抗议,中美关系趋于冷淡。

为平息中国方面的怒气,美国总统福特于 1975 年 12 月初对中国进行了友好访问,与毛泽东等中国领导人会晤,消除了一些误解,但并没有在中美关系正常化方面做出任何实质性的推动,只是将中美关系的现状勉强保持了下去。

五、中美建交

中美两国政坛的变化

中美关系的僵局在 1977 年开始慢慢化解。两国的国内政治变化是重要的原因之一。1977 年 1 月,吉米·卡特(James Earl Carter Jr.)就任美国总统,他雄心勃勃,想在美国内政外交领域的各个方面打破几年来死气沉沉的颓靡格局。在对华政策方面,卡特就任后不久就宣布"我们对中华人民共和国的政策将以《上海公报》为指导;我国政策的目标是关系正常化"。

但美国国内反对中美建交的阻力依然很大,不只是美国国会内强大的亲台反华势力有所阻挠,就是美国总统自己的幕僚班子内部意见也不统一,以致1977 年 8 月卡特总统派遣国务卿万斯(Cyrus R. Vance)访问中国时,决定对外界隐瞒一切细节以免招来风波。不过,卡特总统本人有着强烈的意愿,正如他日后所称,他自己的生日与中华人民共和国国庆日同一天,注定要成为中国的朋友。这种意向决定了中美关系能够向前推进。

在中国一方,1977 年 7 月邓小平正式复出,中国的各项工作逐渐步入理性务实的轨道,为中美建交创造了有利的环境。但中美之间在台湾问题上的矛盾依然难以轻易消除。中国方面提出了中美建交不可松动的三个原则:"断交、废约、撤军",即美国断绝与台湾当局的"外交关系"、废除 1954 年的"美台共同防御条约"、从台湾撤出所有武装人员和军事设施。中国严正的立场,令卡特政府颇感踌躇。

苏联扩张的促动

促使美国政府下定建交决心的是国际舞台上的风云突变。1977 年下半年,苏联在全球范围内的扩张步伐加快,大有图穷匕见的态势,使美国和全世界感到震惊。1976 年以后,苏联和古巴支持下的"安哥拉解放人民运动"在安哥拉内战中越来越占据上风,逐渐控制了这个西非国家。随后,苏联伙同古巴策划南北也门合并建立"红海联盟",以图控制这块扼守地中海至印度洋通道的咽喉要地。与此同时,苏联在东非战略要地"非洲之角"进行翻手为云覆手为雨的干涉活动,挑动埃塞俄比与索马里相互残杀。到 1978 年 3 月,埃塞俄比亚军队在苏联军事顾问和一部分苏联、古巴"志愿者"的帮助下实施大反攻,一举击败索马里军队,完全占领了据称拥有丰富石油和天然气资源的欧加登地区,结束了这场"欧加登战争"(1977 年 7 月—1978 年 3 月)。紧接着,1978 年 4 月,苏联又在阿富汗策动亲苏派分子的政变,建立起阿富汗人民共和国。

经济利益的驱动

除了苏联猛烈的扩张势头让美国感受到中美在战略上更紧密携手的迫切性外,中国刚刚起步的改革开放事业也吸引了美国的注意力。邓小平领导下的中国政府以实现"四个现代化"为战略目标,准备大量引进西方的先进技术、资金和设备,这样一个巨大的市场对于美国无疑具有极大吸引力。但中国优先同已建交的国家发展贸易,并与日本和欧洲共同体签订了一大批贸易协定,这对美国产生了很大的刺激作用。因为,日本和欧共体在对华贸易方面具有很强的竞争力,并且已经捷足先登,美国如再不采取行动,就有可能被排除在中国市场之外,这是美国经济界人士最不能接受的前景。

中美建交公报

在国际战略和国内经济需求的共同推动下,卡特政府在 1978 年 3 月下定了中美建交的决心。1978 年 5 月下旬,卡特总统委派其国家安全顾问布热津斯基(Z. K. Brzezinski)访问中国,向中国方面表示愿意接受中国提出的建交三原则,只是希望(而非作为条件)在美方做出期待和平解决台湾问题的表示时,不会明显地遭到中国的反驳,这样美国国内的困难将更容易解决。美国的建议得到了中国方面的谅解,从 1978 年 7 月到 12 月 15 日,中美关系正常化谈判在北京进行,至北京时间 12 月 16 日,中美两国同时发表了中美建交公报。

建交公报全称为《中华人民共和国和美利坚合众国关于建立外交关系的联合公报》,这是中美之间第二个重要文件。公报的主要内容有:两国自 1979 年 1 月 1 日起互相承认并建立外交关系;美利坚合众国承认中华人民共和国政府是中国的唯一合法政府,只有一个中国,台湾是中国的一部分;在此范围内,美国人民将同台湾人民保持文化、商务和其他非官方关系;任何一方都不应该在亚洲一太平洋地区以及世界上任何地区谋求霸权,每一方都反对任何国家或国家集团建立这种霸权的努力。

图 10‑6　邓小平会见布热津斯基，1978 年 5 月

　　从最早尼克松在 20 世纪 60 年代末提出打开与中国关系的战略设想，到中美建交公报的签署，中美关系正常化的过程经历了整整十年时间。中美两国国内政治环境的演变、两国领导层战略设想和决策意志的变更、台湾问题的难解症结、国际政治局势的风云变幻等各种因素导致了这个过程的艰难曲折。

中美建交的意义

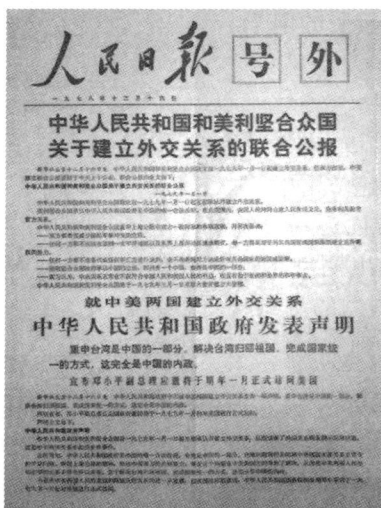

图 10‑7　《中美建交公报》，1978 年 12 月 16 日发表

　　中美两国的最终建交，是中美关系史和战后国际关系史上的一个重大转折。正如建交公报中说的那样，"中美关系正常化不仅符合中国人民和美国人民的利益，而且有助于亚洲和世界的和平事业"。对中国来说，中美建交为中国正在进行的现代化建设事业提供了良好的国际环境，此后两国在政治、经济、科学、技术乃至军事上的全面交流与合作，极大促进了中国的改革开放事业；对美国来说，中美建交为美国重整国力赢得了充足的时间和回旋的余地，为它在 20 世纪 80 年代末赢得冷战的最后胜利提供了有力的保障；对世界来说，中美建交后两国的战略合作有效遏制了苏联的扩张势头和越南的地区霸权主义，对维护和加

强世界和平与稳定做出了积极的贡献。

附录

本章大事年表

1969 年 6 月	勃列日涅夫首次提出"亚洲集体安全体系"口号
1971 年	
7 月 9 日—11 日	基辛格秘密访华
8 月 9 日	苏印签订"和平友好合作条约"
11 月 21 日	
—12 月 17 日	第三次印巴战争
1972 年	
2 月 21 日—27 日	美国总统尼克松访华
5 月	美苏签订《关于限制反弹道导弹系统条约》
9 月	中日邦交正常化
1973 年	
1 月	美越签订《巴黎协定》
2 月	毛泽东提出"一条线、一大片"外交方针
5 月	中美相互设立"联络处"
6 月	勃列日涅夫访问美国
7 月	苏联策动达乌德汗发动政变,建立阿富汗共和国
1973 年 7 月	
—1975 年 7 月	欧洲安全与合作会议
1974 年	
2 月	中国发生"蜗牛"事件
2 月 17 日	毛泽东首次提出重新划分"三个世界"理论
4 月 10 日	邓小平在联合国大会第六届特别会议上阐述中国式"三个世界划分"理论
8 月	尼克松辞去美国总统职务,福特总统继任
1975 年	
3 月	中国访美艺术团无限期推延出访

5 月	越南全国解放
10 月	越南领导人访苏，发表"苏越宣言"
10 月	美国政府允许西藏叛乱集团在美国设立办事处
12 月	美国总统福特访华
1976 年	
9 月 9 日	毛泽东主席逝世
10 月	"四人帮"垮台
1977 年	
1 月	吉米·卡特就任美国总统
7 月	邓小平复出
8 月	美国国务卿万斯访华
1978 年	
3 月	苏联支持的埃塞俄比亚军队取得"欧加登战争"胜利
4 月	苏联策动阿富汗政变，建立"阿富汗人民共和国"
5 月	美国总统国家安全顾问布热津斯基访华
7 月—12 月	中美建交谈判在北京进行
8 月	《中日和平友好条约》签订
10 月	邓小平访问日本
11 月	苏越签订"友好合作条约"
12 月 16 日	中美联合发表建交公报
1979 年 1 月 1 日	中美建交

重要知识点

苏联的进攻性战略　　苏联"缓和"策略　　欧安会　　亚安体系
"一条线、一大片"方针　　中国式"三个世界划分"理论　　吉米·卡特
中美建交公报

思考题

1. 70 年代苏联的全球扩张战略与其"缓和"策略的相互关系。
2. 中美建交过程中的台湾问题障碍。

3. 中美建交的国际国内背景和历史意义。

延伸阅读

刘金质著：《冷战史（1945—1991）》（中册），世界知识出版社，2003 年，第 12、14—16 章。

［挪威］文安立：《全球冷战：美苏对第三世界的干涉与当代世界的形成》，牛可等译，世界图书出版公司，2012 年，第 6—8 章。

［美］罗伯特·S. 罗斯著：《风云变幻的美中关系》，丛凤辉等译，中央编译出版社，1998 年，第 2—5 章。

王奇编著：《二战后中苏（中俄）关系的演变与发展》，清华大学出版社，2000 年，第 7—8 章。

［苏联］奥·鲍·鲍里索夫、鲍·特·科洛斯著：《苏中关系，1945—1980》，肖东川、谭实译，三联书店，1982 年，第 9—12 章。

［英］彼得·琼斯、西安·凯维尔：《中苏关系内幕纪实（1949—1984）》，郭学德等译，中国经济出版社，1994 年，第 9—12 章。

杨奎松主编：《冷战时期的中国对外关系》，北京大学出版社，2006 年，第 7 章。

陈之骅主编：《勃列日涅夫时期的苏联》，中国社会科学出版社，1998 年。

陈红本著：《跌宕起伏的成败故事：战后中美关系发展史纲》，吉林人民出版社，2003 年，第 7 章。

［美］安德鲁·内森、罗伯特·罗斯：《长城与空城计：中国对安全的寻求》，新华出版社，1997 年。

《历史性的大事·中美建交和邓小平副总理访美》，人民出版社，1979 年。

柴泽民口述、张国强编著：《中美建交风雨路》，上海辞书出版社，2010 年。

钱江著：《邓小平与中美建交风云》，中共党史出版社，2005 年。

现代国际关系研究所编：《美中建交前后——卡特、布热津斯基和万斯的回忆》，时事出版社，1984 年。

［美］傅高义、袁明、［日］田中明彦主编：《中美日关系的黄金时代，1972—1992》，重庆出版社，2009 年。

［美］哈里·哈丁：《脆弱的关系：1972 年以来的美国与中国》，袁瑾等译，三联书店（香港）有限公司，1993 年，第 1—3 章。

第十一章　80 年代中国外交的调整

进入 20 世纪 80 年代之后,国际局势发生了一系列新的变化:苏联的霸权扩张遭受巨大挫折,美国加强与苏联的对抗力度,而中国则把经济建设作为国家战略的重中之重。在此新形势下,中国开始进行全方位的对外政策调整,以求更好地发挥外交为改革开放保驾护航的作用。

一、美苏冷战的最后阶段

里根政府的对苏战略

1981 年 1 月罗纳德·里根(Ronald W. Reagan)总统上台执政,美国对外政策进入了新的阶段。信奉"新保守主义"的里根总统在国内政策中采取减税、减少社会福利开支、放宽对美国企业管理规章、扩大军费开支、增加政府赤字和国债等一系列措施来刺激美国经济增长,取得了一定的成效,美国通货膨胀率大大降低,经济走出持久的低迷姿态,实现了以信息技术革命为核心的某种繁荣,这集中体现在从 1982 年到 1987 年美国新创了 1 300 多万个就业机会。在国际舞台上,里根政府也一改卡特政府的软弱姿态,提出"重振国威(Revival)"的口号,加强与苏联的对抗。由此激化的美苏争霸活动,是美苏冷

图 12-1　美国总统罗纳德·里根(1981—1989 年)

战的最后阶段,有时也被称为"新冷战"或"第二次冷战"。美国对抗苏联的途径主要表现在以下三个方面。

第一,依据"低烈度冲突"(low-intensity conflicts)策略,采用政治、经济、外交、情报、心理和军事等各种手段,在中东、中美洲、非洲和亚洲等各个热点地区打击苏联支持的政权或反政府武装,例如,鼓励以色列打击叙利亚和黎巴嫩真主党;支持伊拉克对抗伊朗;支持萨尔瓦多和洪都拉斯右翼政府镇压游击队;支持尼加拉瓜反政府武装推翻亲苏的"桑地诺派"(Sandinistas)政府;直接出兵推翻格拉纳达(Grenada)的亲苏政府(1983 年);与南非政府一起支持"安盟"("争取安哥拉彻底独立全国联盟"),加剧安哥拉内战;支持阿富汗"圣战"组织抵抗苏联军队;等等。

第二,采用"隐蔽行动"(covert action)手段,对东欧国家甚至苏联本身实施颠覆性渗透,动摇苏联阵营的根基。1981 年 12 月,里根总统签署第 12333 号行政命令《美国情报活动》,确认美国情报机构的任务之一是从事"特殊活动",即"在国外实施的支持国家对外政策目标的活动,以及为支持这些活动而采取的行动。这些活动的计划和实施要使美国政府的作用不被暴露或公开承认"。从 20 世纪 80 年代初开始,苏联和东欧国家内部日积月累的各种政治、经济、社会矛盾逐渐爆发,这为美国政府的"特殊活动"提供了大好舞台。从 1981 年 9 月波兰爆发团结工会运动起,美国和西欧国家的情报机关派遣大批人员以非政府组织、文化交流项目等名义蜂拥进入东欧,配以"欧洲之声"(*European Voice*)、"美国之音"(*Voice of America*)等意识形态宣传工具,推动不同政见思潮向整个东欧蔓延。至 1985 年苏联领导人戈尔巴乔夫推行"新思维"改革,苏联社会出现松动,美国和西方国家的势力得以暗中介入苏联的内部政治事态。

第三,加强军备竞赛。美国政府智囊人士深知,苏联虽然在军事实力上直逼美国,但其国民经济规模和质量无法与美国匹敌,因此,美国只要凭借经济实力,通过军备竞赛来迫使苏联不断加大军备投入,就能拖垮苏联经济,达到不战而胜的目的。在里根总统的第一个任期内,美国军费开支以每年 7% 的高速增长,增长总额达 7000 多亿美元,用来支持庞大的国防建设,包括在欧洲部署中程核导弹来抗衡苏联的类似部署。在部署更加锋利的"矛"的同时,里根政府还试图打造更结实的"盾",迫使苏联应战。

"星球大战"计划

1983 年 3 月 23 日,里根宣布进行"战略防御计划"(Strategic Defense

Initiative)研究项目,声称要探索包括激光和高能导弹在内的先进技术,在200—1 000公里的高空建立多层次、多手段的反弹道导弹系统,以保护整个美国及其盟国的国土不受苏联核导弹的攻击。许多科学家质疑这个所谓的"星球大战"计划是否具有可行性,事实上,美国政府只是如此叫嚷而已,并没有去认真实行,这称得上是一个引诱苏联上当的圈套,到苏联垮台后的1993年5月,美国政府便自行宣布放弃了这一计划。

但在当时,美国这种"矛""盾"并举的姿态,令苏联忐忑不安。据西方的估计,如果苏联起而应战,其军备开支到1985年将增加到GDP总额的15%,那将是任何国家都难以承受的。因此,苏联只能收起原来气势汹汹的姿态,至1987年12月8日,苏联与美国正式签署《中程核力量条约》(*Intermediate-Range Nuclear Forces Treaty*),致力于将此类核武器全部销毁,并达成了美苏共同削减50%战略进攻性核武器的原则协议。

图 12-2 美苏《中程核力量条约》签字仪式,1987 年 12 月 8 日,美国白宫

苏联的困境

在里根政府咄咄逼人的态势面前,苏联逐渐出现了严重的衰颓趋势,不复有70年代那种锐意进取之勇。

苏联的衰退有着深刻的根源,首先是其计划经济内在的弊病。从60年代末起,苏联依靠其丰富的石油和天然气资源,借助重工业尤其是军事工业的拉动,取得了经济的繁荣,1977年苏联的GDP曾达到美国的67%。但这种以军备开支为杠杆的经济结构遏制了国民经济其他领域的活力,繁荣难以持久。苏联工业产量的1/5,特别是机器制造业和冶金部门产量的1/3,都用于军事方面;每7个苏联工人中就有1人直接或间接从事军事工业方面的工作。国民经济的军事化,给苏联的市场供应带来严重的影响,造成轻工产品和食品长期的严重短缺。到 70 年代中期以后,苏联经济发展速度不断下降,增长率从70 年代上半期的 5.1％下降到 80 年代初期的 3.2％,几乎处于停滞状态。苏联的国民生产总值从 1977 年相当于美国的 67％下降到 80 年代末期的 53％,而在民用科技水平方面,苏联比西方大约落后了 15—20 年。

其次是过于宏大的扩张规模浪费了大量的国家资源。苏联此前在第三世界获得的海、空基地和势力范围,大多是通过提供军援而得到的,到 1978 年为止,苏联向第三世界国家提供的经援和军援总数约为 300 多亿美元,其中经援约占 1/4,军援约占 3/4。80 年代前期苏联对外“军援”的额度更大,有统计称苏联在 80 年代向第三世界国家提供了 7 925 辆坦克,20 470 门大炮,17 艘潜艇,2 620 架超音速飞机,32 210 枚地对空导弹。苏联的这些援助有相当一部分得不到偿还,据报道,80 年代末时苏联大约有 800 多亿卢布的贷款无法收回。苏联侵占和控制的地方越多、战线越长,它的包袱就越重,负担也就越大。

自 70 年代中期起,苏联推行“进攻性战略”,四面出击,到处伸手,同时在几条战线上作战,其结果却是四面树敌,兵力分散,首尾难顾,重蹈美国在越南战争期间不堪重负的覆辙。据苏联的资料粗略统计,苏联每年为支持阿富汗亲苏政权耗费 110 亿美元、为支持越南入侵柬埔寨花费 20 亿美元、支援古巴等拉美国家需要 60—80 亿美元、支持埃塞俄比亚等非洲国家也需 60—80 亿美元,仅仅这几项相加,每年就须花费约 270 亿美元。正如苏联前外长谢瓦尔德纳泽(Эдуард Амвросьевич Шеварднадзе)日后反思称,70 年代中期以来苏联的扩张政策,“使我们的人民和整个国家一贫如洗”。经济形势的恶化和人民生活水平的下降,使社会主义制度在人民心目中黯然失色,为苏联国内反对派向苏共发起进攻提供了把柄和根据。

图 12‑3 戈尔巴乔夫和叶利钦(Борис Николаевич Ельцин)

二、中美未解的台湾问题

中国的和平统一主张

1979 年元旦中美正式建交，中美两国联合对抗苏联扩张的态势更加明朗。但是，横在中美之间的最大症结——台湾问题——仍未得到解决。美国方面曾在建交谈判中要求中国方面做出不使用武力解决台湾问题的保证，遭到中国政府拒绝。美国政府在中美建交公报发表的同一天发表了一项声明，表示"美国继续关心台湾问题的和平解决，并期望台湾问题将由中国人自己和平地加以解决"。但美国这份强调"和平解决"的单方面声明对中国政府不具有约束力。针对美国的声明，中国政府也发表了一项声明，重申台湾是中国的一部分，"至于台湾回归祖国、完成国家统一的方式，完全是中国的内政"。

事实上，从 20 世纪 50 年代末起，虽然中国政府一再高喊"解放台湾"的口号，但和平解决台湾问题一直是中国政府的一项政策选择。在中美建交、美国军事力量撤离台湾之时，中国对台湾问题的态度发生了实质性改变。1979 年 1 月 1 日，中国人大常委会发表《告台湾同胞书》，宣布自即日起停止对金门等岛屿的炮击，同时宣称"我们的国家领导人已经表示决心，一定要考虑现实情况，完成祖国统一大业，在解决统一问题时尊重台湾现状和台湾各界人士的意见，采取合情合理的政策和办法，不使台湾人民蒙受损失"。这是中国政府追求"和平统一"的非常明确的政策宣示。

1981 年 9 月 30 日，中国人大委员长叶剑英又发表讲话，系统阐明了中国政府和平解决台湾问题的九点方针。但是，这些政策宣示，并不意味着中国政府放弃武力解决台湾问题的手段。世界上的任何国家都不会在维护主权和领土完整的问题上宣布放弃武力解决的最后手段。

"与台湾关系法"

在美国一方，虽然它同意了中国的建交三原则，但却不愿意完全放弃对台湾问题的干预。美国国会中的亲台势力依然十分强大，在这股势力的推动下，美国国会于 1979 年 3 月底通过了"与台湾关系法"(*Taiwan Relations Act*)，卡特总统基于国内政治支持的考虑于 1979 年 4 月 10 日在这份法案上签字，从而使这项法案成为一项正式的美国国内法法案。"与台湾关系法"宣称其宗旨是"为协助维持西太平洋之和平、安全与稳定,并授权继续维持美国人民与在台湾土地上所有人民间之商业、文化及其他关系"。对照一下中美建交公报中"美国人民将同台湾人民保持文化、商务和其他非官方关系"的词句,"与台湾关系法"故意删略了"非官方"的字样,可谓别有用心。

除此之外,该法案还有几点规定规避和违反了中美建交公报确定的原则。(1)该法案宣称"任何以非和平方式包括抵制或禁运来决定台湾前途的任何努力,是对西太平洋地区的和平和安全威胁,并为美国严重关切之事",为此"美国将向台湾提供使其能保持足够自卫能力所需数量的防御物资和防御服务"。(2)该法案虽然确认"根据美国法律有关保持外交关系或承认的任何明确的或暗含的要求均不适用于台湾",却又规定美台之间"签订的并在 1978 年 12 月 31 日有效的一切条约和其他国际协定(包括多边公约)依然继续有效,除非和直到按照法律予以终止"。(3)该法案规定"凡当美国法律提及或涉及外国和其他民族、国家、政府或类似实体时,上述各词含义中应包括台湾,此类法律亦应适用于台湾"。

美国的这种做法,是干涉中国内政的典型行为。"与台湾关系法"中的这些规定,实际上是将台湾当作一个独立的政治实体对待,并给予美国政府向台湾当局出售武器的权利。它一方面向中国承认台湾是中国的一部分,一方面又向中国的一个组成部分出售武器以支持它对抗中央政府,这种两面派的做法于情于理都说不通。此外,美国企图通过它的国内法来抵消其在国际法上承担的义务,是一种将国内法凌驾于国际法之上的恶劣行径,有违基本的国际行为准则。

针对美国出尔反尔的做法,中国政府于 1979 年 4 月 28 日向美国政府提交了抗议照会,强烈反对"与台湾关系法"。中国政府声明:"中美建交公报是今后中美关系发展的基础和准则,中国政府反对'两个中国'、'一中一台'的立场是坚定不移的。如果美国方面在台湾问题上不恪守两国建交协议,而怀有继续干涉中国内政的图谋,这只会给中美关系造成损害,对中美任何一方都不会带来好处。"

"斗而不破"的对美方针

美国政府对中国的抗议置若罔闻,故中美关系在刚刚建交几个月之后便出现了紧张局势。"与台湾关系法"的出台,让中国领导人更清醒地认识到美国对华政策的本质,也更警觉地注意到在与美国打交道时应注意时刻维护中国的国家利益。

当然,在对抗苏联扩张势头的大局面前,在中国改革开放事业存在着对美国的各种需求面前,中国政府不会因为"与台湾关系法"而使中美关系退回到建交协议之前的状态,而是把与美国的外交斗争维持在"斗而不破"的状态下。对美国根据该法案向台湾地区提供武器的做法,中国进行了不懈的抗争。

《八一七公报》

中美关系的健康发展,对美国的国家利益来说也极为重要,因此美国政府并不能无视中国在台湾问题上的坚定立场。在里根总统决意对苏联的扩张行为做坚决对抗的情况下,美国政府更需要一个稳定发展的中美关系。经过长期的磋商和谈判,中美之间在 1982 年 8 月 17 日发表了中美关系史上第三个重要的联合公报《八一七公报》。在这份公报中,中国政府重申了在台湾问题上的一贯立场,而美国政府也明确表示:"美国政府非常重视它与中国的关系,并重申,它无意侵犯中国的主权和领土完整,无意干涉中国的内政,也无意执行'两个中国'或'一中一台'政策";美国"不寻求执行一项长期向台湾出售武器的政策,它向台湾出售的武器在性能和数量上将不超过中美建交后近几年来供应的水平,它准备逐步减少它对台湾的武器出售,并经过一段时间导致最后的解决"。

由于美国政府依然没有废除其"与台湾关系法",《八一七公报》并未彻底解决中美关系中的台湾问题。但是,《八一七公报》对中美关系的发展还是具有相当积极的意义。

三、中国对外政策的调整

"一条线、一大片"方针的弊端

70 年代中国的对外政策基本上遵循毛泽东"一条线、一大片"的外交方针,将对抗苏联霸权主义扩张作为工作重点。自 70 年代末起,中国的国内政策方向出现了巨大的变化,十一届三中全会确定将中国今后的工作重心转移到改革开放和经济建设上,外交方针也相应地开始了调整。这一调整并非一朝一夕可以完成,而是随着国际国内形势的发展经历了大约 5 年的时间,到80 年代中期才清晰化。

在 70 年代中国面临苏联霸权主义严重威胁的形势下,"一条线、一大片"

方针是合理和必要的。但到 80 年代初,苏联在世界各地的扩张政策受到了重大挫折,尤其是陷入阿富汗战争的泥潭不能自拔,其国际战略空间日趋压缩,对中国的直接威胁也相对减弱,中国的"一条线、一大片"方针逐渐丧失了必要性,相反还产生出一些不利的后果。

其一是在某种程度上助长了美国的霸权主义气焰,客观上有利于里根政府推行其"重振国威"、夺取冷战最后胜利的政策;

其二是以"反苏"为划分敌我之标准的倾向,影响了中国与一些第三世界国家和周边国家的关系,在一定程度上缩小了中国外交的回旋余地;

其三是在考虑与西方世界的关系时过分着眼于战略安全的角度,而相对忽视了经济关系的基础,因此,一旦共同敌人的威胁消除,战略合作也就难以维持。

中国的外交新调整

中国对外政策方针调整的思想基础是针对战争与和平问题的思维调整。在整个 70 年代,中国领导人始终认为新的世界大战的危险依然存在而且日益增加,苏联是最危险的战争策源地。这一判断在 80 年代初起发生了变化。中国领导人虽然并不排除爆发世界战争的可能性,但也认为战争威胁在逐渐减小,正如邓小平指出,"苏美两家都在努力进行全球战略部署,但都受到挫折,都没有完成,因此都不敢动";"我们多年来一直强调战争的危险……但是制约战争的力量有了可喜的发展"。

在中国领导人看来,和平力量的增长超过了战争力量的增长,世界和平可以维护较长的时间,世界战争是可以避免的。占世界人口四分之三的广大第三世界国家面临着发展经济的艰巨任务,它们迫切需要一个和平的国际环境,它们是世界和平的支柱,是制约战争的重要力量。西欧、日本等国深知和平来之不易,也是要反对战争、维护世界和平的。就是美苏两个超级大国的人民也要和平,不支持战争。核武器的出现和发展对战争也产生了不可低估的影响,核武器的巨大杀伤力本身也变成了抑制战争的重要因素。

基于这种判断,邓小平提出"和平与发展"是当今时代主题的论断,而"和平与发展"恰恰也是中国正在蓬勃开展的改革开放事业的宗旨。因此,中国外交方针调整的目标相当明确,就是要为改革开放事业保驾护航,确保中国的经济建设有一个和平稳定的国际环境。1985 年 5 月 4 日邓小平在会见缅甸总理吴奈温时的谈话,可以被看作是对这一政策调整的总结:"我们过去曾说过建立'一条线'的反霸统一战线,现在不搞那些,执行独立自主的外交政策。国际上一切和平力量都是我们的朋友,谁搞霸权主义,我们就反对谁,也不搞集团政治,不依附于任何集团。这个政策对于维护和平比较有利。"

中国外交新方针的内涵

与 50 年代的"一边倒"、60 年代的"两个拳头打人"和 70 年代"一条线、一大片"这些明确、清晰的外交方针相比,80 年代调整后的中国外交方针没有一个简明的名称,如果一定要给出一个,不妨称之为"多边缓和"方针,它大致具有三重含义。

第一,独立自主。当然,不能因此说此前的中国外交方针不独立自主,但80 年代新的外交方针给了"独立自主"以新的内涵,这就是根据问题本身的是非曲直来制定真正符合中国人民和世界人民根本利益的对外政策,从而摒弃毛泽东时代那种"凡是敌人反对的我们就要拥护,凡是敌人拥护的我们就要反对"的做法。

毛泽东时代的哲学思维,源于长期的对敌斗争环境,在特殊的时代有其合理性,但却不能适合一切时代。在一个追求和平和稳定的时代背景下,中国并不需要一个确定的敌人,这就要求中国外交真正地把握"独立自主"的真谛。

第二,不结盟。即摒弃原有的"一条线、一大片"方针,不依附任何一个大国或大国集团,不同任何大国结盟或建立战略关系,实行真正的不结盟。这也是"独立自主"政策的一个侧面,正如邓小平明确宣布的那样:"中国的对外政策是独立自主的,是真正的不结盟。中国不打美国牌,也不打苏联牌,中国也不允许别人打中国牌。"中国的这种不结盟政策,并非奉行所谓的"等距离外交",而是为了更有力地反对霸权主义,争取世界和平。在不结盟原则的指引下,中国反对霸权主义,将不再是针对某个国家,而是针对一种行为;不管是哪个国家,只要它奉行霸权主义和强权政治,只要它威胁到区域和世界的稳定与安全,中国都将予以坚决反对。

第三,全方位对外开放。发展经济必须实行对外开放,同世界各国平等互利地进行经济合作。为早日实现经济腾飞,中国努力约束刻意划分敌友的思维,采取了全方位、多层次的对外开放,既对资本主义国家开放,也对社会主义国家开放;既向发达国家开放,也向发展中国家开放;即对关系融洽的友邦开放,也不排斥与关系不太和谐的国家交往。这种为经济建设服务的外交政策,既摒弃了种种意识形态偏见,也摒弃了为政治利益而牺牲经济利益的不明智做法,使中国外交趋于务实、成熟。

四、中英香港问题协议

中国与西欧的经济合作

西欧是 20 世纪 80 年代中国全方位外交的一个重点。西欧国家在 70 年代初已普遍与中国建立了外交关系,1975 年中国与欧洲共同体建立了正式的关系。70 年代末中国实行改革开放政策以来,西欧发达国家的资金、技术和管理经验对中国的经济建设具有越来越重要的意义,因此中国在 80 年代加强了与西欧各国的政治、经济和贸易合作。1984 年 6 月和 1985 年 6 月中国总理赵紫阳两次出访西欧,1984 年 11 月中国国家主席李先念访问西欧三国,1986 年 6 月中共中央总书记胡耀邦出访西欧四国,都取得了巨大的成效。

香港问题

但是中欧之间也存在一些历史遗留问题,其中以中英之间的香港问题为最。英国在 1842 年依据《南京条约》从清政府割占了香港岛,1860 年依据《北京条约》割占了九龙半岛,1898 年依据《展拓香港界址专约》强行租借了新界、大濠岛等附近岛屿 99 年。

香港问题的存在,是中华民族百年屈辱历史的见证,20 世纪里中国民众和政府曾多次试图收复香港,但因种种原因均未成功。在新中国成立之际,中国领导人放弃了武力收回香港的计划,决定暂时维持香港现状,以便使香港成为新中国同国外进行经济联系的一个窗口,用来打破帝国主义的封锁。随着 1997 年新界租借期满时间的临近,香港问题再一次摆在中英两国政府面前。

中国的严正立场

1982 年 6 月,英国赢得了马岛战争的胜利,从阿根廷手中夺回了马尔维纳斯群岛。9 月,素有"铁娘子"之称的英国首相撒切尔夫人(Margaret H. Thatcher)访问北京,与中国政府讨论香港问题。在 9 月 24 日与中国领导人邓小平的会晤中,撒切尔夫人试图依据《南京条约》和《北京条约》坚持对部分香港领土的主权,遭到邓小平的坚决回绝。

邓小平明确表明主权问题没有妥协的空间,中国必须在 1997 年收回对整个香港的主权,中英之间要讨论的只是如何实现香港的平稳过渡。邓小平在会谈中称，如果英国不予合作，"中国政府将被迫不得不对收回的时间和方式另作考虑"。这种斩钉截铁的态度令撒切尔夫人颇为气馁，以致她在会谈结束离开时不慎在人民大会堂东门口摔了一跤，被国际媒体称为英国"铁娘子"败给中国"铁人"的象征。

图 12-4　邓小平会见英国首相撒切尔，1982 年 9 月 24 日

中英香港问题协议

此后，中英两国开始了关于香港问题的马拉松式谈判。英国政府一方面故意在香港制造经济、金融和民意恐慌气氛，以求迫使中国做出让步，一方面在谈判中采取步步为营的策略，先是提出把香港作为独立的第三方拉进来，企图促成 2：1 的谈判格局来"以华制华"；继而提出分拆香港的"主权"及"治权"，主权归中国，但英国人仍保留治权；最后又提出维持港英之间的"特殊关系"，让英国人在香港的行政管理中继续发挥作用，譬如保留一名英国总督，等等。

但在中国政府义正词严的交涉面前，英国的所有这些图谋都未能得逞。1984 年 12 月 19 日，经过此前 22 轮的艰苦谈判，中英正式签订关于香港问题的联合声明，向全世界宣告：中国政府将于 1997 年 7 月 1 日对香港恢复行使主权。

中国收回对香港的主权，洗刷了百年国耻，也证明了中国国家力量和国际地位的极大提升，正如撒切尔夫人在回忆录中所说："协议并不是，也不可能是我们的胜利，因为我们是同一个不肯让步而且在实力上又远远超过我们的大国打交道。"

"一国两制"政策

中国政府虽然以坚定的态度收复了香港主权,却还面临着如何实现香港平稳过渡的考验,这个考验也促使中国领导人提出一些创造性的治国理念。早在1981年9月30日,叶剑英委员长关于台湾问题的九点方针讲话,已经显现了中国政府在祖国统一问题上的新思维。这一思维逐渐得到了清晰化。

1984年2月,邓小平在会见外宾时首次提出了"一个中国,两种制度"的概念;同年5月,第六届人大政府工作报告正式提出"一个国家、两种制度"的构想,获得了会议的通过。1984年6月,邓小平在会见香港民众代表时明确表示,在1997年中国政府恢复行使对香港的主权后,香港现行的社会、经济制度不变,法律基本不变,生活方式不变,香港自由港的地位和国际贸易金融中心的地位也不变,香港可以继续同其他国家和地区保持和发展经济关系;中国对香港的政策50年不变,实行"一个国家,两种制度"。

"一国两制"作为一种基本国策的正式提出,体现了邓小平等老一代中国领导人解放思想、实事求是的风格和从善如流、驾驭全局的超凡胆略。在实践上,"一国两制"的构想为中国政府灵活处理台港澳问题提供了可靠依据,不仅有利于中国早日实现祖国统一大业的宏愿,也有利于促进大陆和港、澳、台之间的经济合作和共同发展。

五、中苏关系正常化

中苏关系的微妙变化

如前所述,20世纪80年代初苏联在国际上遭遇了一系列的挫折,它对中国国家安全的威胁逐渐减弱,70年代中国针对苏联扩张的"一条线、一大片"外交方针显得越来越不合时宜。另外,美国在台湾问题上的态度也让中国认识到中美战略合作的有限性,中国领导人意识到,过于看重与美国联合对抗苏联的策略,会大大束缚中国在其他方面的行动自由。加上里根政府在对外战略方面显露出野心勃勃的阵势,中国自觉地与美国慢慢拉开距离,同时在媒体宣传上也有意降低了抨击苏联的调门。中国方面微妙的姿态变化,对国内外处境出现恶化迹象的苏联来说是个很大的鼓励,促使它决定追求与中国关系的缓和。

塔什干讲话

　　长期以来一直是中国外交头号敌人的苏联领导人勃列日涅夫在其去世前发出了改善中苏关系的信号。1982 年 3 月 24 日,勃列日涅夫在塔什干发表演讲,呼吁中苏应该实现关系正常化。他除了批评"北京在世界舞台上同帝国主义的政策相呼应显然违背了社会主义的利益"外,还谈了四点看法:(1)"不否认中国存在社会主义制度",实际上承认中国是社会主义国家;(2)苏联完全支持中国对台湾问题的立场;(3)苏联对中国没有任何领土要求,建议恢复两国边界问题谈判;(4)苏联准备不附带先决条件地就全面改善双边关系与中国达成协议。国际观察家们把勃列日涅夫的讲话描述为"自中苏两国存在边界争端以来,特别是 1969 年中苏边界战争以来,最明显的和解姿态"。

　　邓小平抓住了塔什干演讲传达的信息,指示外交部对此做出反应。两天后的 3 月 26 日,中国外交部首位新闻发言人、外交部新闻司司长钱其琛发布了一个只有三句话的简短声明:"我们注意到了 3 月 24 日苏联勃列日涅夫主席在塔什干发表的关于中苏关系的讲话。我们坚决拒绝讲话中对中国的攻击。在中苏两国关系和国际事务中,我们重视的是苏联的实际行动。"钱其琛不到一分钟的简短声明,第二天刊登在《人民日报》头版中间位置,西方各大通讯社纷纷加以报道并发表评论。有外电指出:"这一谨慎而含蓄的声明,预示着对抗了 30 多年的中苏关系有可能发生变化,并使世界局势为之改观。"中苏关系中出现的这种坚冰解冻预兆,实际上也是美国随后愿意做出《八一七公报》承诺的动因之一。

中苏特使磋商

　　塔什干讲话之后的几个月中,中苏关系出现了松动,一些零星的文化交流和贸易往来开展起来。1982 年 8 月,中国外交部苏欧司司长于洪亮以视察使馆的名义前往莫斯科,向苏方传递了中方关于消除障碍、改善关系的重要信息。9 月,中共第十二次全国代表大会通过的新党章中去掉了"两个超级大国的霸权主义"、"苏联现代修正主义"的提法。其间,中苏达成了在两国首都轮流举行外交部副部长级别特使磋商的协议。之所以采用"磋商"而非"谈判"的名称,是因为中国方面觉得"磋商"属于内部的意见交流,形式比较自由,无需像"谈判"那样公开会谈内容,且即使达不成结果也不会产生"谈判破裂"的负面效果。

　　1982 年 10 月 3 日,苏联副外长伊利切夫(Ильичев Леонид Федорович)

抵达北京,与中国副外长钱其琛开始了第一轮磋商。中苏特使磋商随后举行了 12 轮,持续到 1988 年 6 月。尽管中苏关系正常化有了良好的开端,但却进展缓慢,一方面是由于两国之间的积怨太深,另一方面也是由于苏联最高领导人不断变换,影响了其政策的连贯性。1982 年 11 月,勃列日涅夫去世,接替他的安德罗波夫比较积极地推动中苏和解,但他于 1984 年 2 月就去世了,继任的苏共中央总书记契尔年科(Константи́н Усти́нович Черне́нко)年迈体弱、思想保守、无意进取。直到 1985 年 3 月契尔年科去世,年仅 54 岁的戈尔巴乔夫上台执政,中苏和解进程才有了较大的起色。

　　80 年代中苏之间的矛盾纠结集中在此前苏联扩张政策遗留下来的问题上,即中国一再声明的中苏关系"三大障碍":(1) 苏联在蒙古和中苏边界部署了大量的苏联军队,威胁中国的北部边界安全;(2) 苏联武装干涉阿富汗,威胁中国的西部边界;(3) 苏联支持越南侵略柬埔寨,威胁中国的南部边界安全。从 1982 年起,中国一再要求苏联采取实质性行动,消除这"三大障碍",为实现中苏关系正常化铺平道路。而苏联方面则借口中苏之间的关系正常化不应涉及任何第三方,不愿将阿富汗问题和柬埔寨问题纳入中苏特使磋商的议程,致使中苏特使磋商迟迟达不成协议。

中苏关系的缓慢升温

　　当然,在此期间,中苏之间的关系还是出现了不断升温的趋向。1982 年 11 月,中国派国务委员兼外交部长黄华作为特使前往莫斯科参加勃列日涅夫的葬礼,是为 1964 年以来访问苏联级别最高的中国官员;1983 年 9 月,在联合国安理会讨论韩国客机事件①的表决中,中国投票支持了苏联,颇令苏联感激;1984 年 2 月,中国国务院副总理万里率团出席安德罗波夫的葬礼;1984 年 12 月,苏联部长会议第一副主席阿尔希波夫(Иван Васильевич Архипов)访问中国;1985 年 3 月,苏联新领导人戈尔巴乔夫上台之际,中国恢复称苏联为社会主义国家,并在公开场合称苏联领导人为"同志",营造出比较有利于中苏和解的氛围。

　　中苏之间的经济往来也日益密切,1982 年中苏两国之间的贸易总额只有 6.04 亿瑞士法郎,1985 年达到了 46 亿,增长了将近 8 倍。1985 年 6 月,中苏还达成了在列宁格勒和上海互设总领事馆的协议。

---

　　① 1983 年 9 月 1 日,有间谍飞行嫌疑的韩国 KAL007 号客机深入苏联领空,遭苏联战斗机击落,机上 269 人全部遇难。苏联击落客机的行为遭到西方国家舆论的普遍谴责。

双方三年多时间的持续努力逐渐消融了中苏之间 20 多年结下的敌意，中国方面主动表示出争取中苏关系正常化的极大诚意。1985 年 10 月 9 日，邓小平同志请来访的罗马尼亚领导人齐奥塞斯库带口信给戈尔巴乔夫：如果苏联同我们达成谅解，敦促越南从柬埔寨撤军，他本人愿意去莫斯科会晤戈尔巴乔夫。

邓小平的诚意得到了一定的回应。1986 年 7 月 28 日，苏共中央总书记戈尔巴乔夫在海参崴发表演讲，宣布苏联将分阶段从阿富汗撤军；苏联正同蒙古讨论撤出大部分苏军的问题；苏联愿同中国讨论削减中苏边境地区的陆军；同意按主航道中心线划分阿穆尔河（黑龙江）边界线走向；尊重和理解中国的国内政策。这是苏联领导人第一次在消除"三大障碍"问题上做出明确的承诺。

但是，戈尔巴乔夫仍然不愿在柬埔寨问题上做出承诺，相反推托称实现中苏最高级会晤才是讨论和解决复杂的双边关系和国际问题的最佳途径。这种拖延态度使中苏最高级会晤的事项暂时搁置了下来。

中苏最高级会晤

1988 年 6 月，苏联终于在第 12 轮中苏特使磋商中，表示愿意就柬埔寨问题与中国进行协商。1988 年 7 月，在苏联的影响下，越南单方面宣布从柬埔寨撤出 5 万越南军队，并在雅加达与柬埔寨各方举行有关撤军问题的谈判，中苏关系的最后一道障碍终于克服了。1989 年 5 月 15 日—18 日，戈尔巴乔夫访问北京，这是 30 年来苏联最高领导人第一次访问中国，标志着中苏关系的正常化。

图 12-6　戈尔巴乔夫访华，1989 年 5 月

中苏关系正常化的历史意义

中苏关系正常化是一项长达数年的外交折冲，它最终在 20 世纪 80 年代这个国际形势风云变幻的时代展开。在这段时期内,中美苏三国都经历了对外战略和外交政策的重大调整,相对而言,美国和中国的政策调整显得较为果断和成功,而苏联由于领导人的频繁变换,其调整的步伐明显凌乱、滞后,这或许是苏联帝国迅速瓦解的原因之一:如果苏联能够更积极地推动中苏关系的正常化,它的国际战略处境也许不会恶化得那么快,它的崩溃也许还能向后推迟一些。

但是,历史是没法假设的。况且,苏联的崩溃也不仅仅是由于其国际困境的压力,苏联内部积压的诸多问题才是最根本的原因。再退一步说,即使苏联因国际处境的迅速改善而延迟其崩溃的时间表,无非是美苏冷战格局的继续延存而已,这对苏联、中国和整个世界来说究竟是福是祸,现在似乎还不是下定论的时候。

中苏关系实现正常化的时机,发生在东欧剧变的前夕,离 1991 年 12 月苏联的最终崩溃也为时不远。然而,我们决不能因此而贬低中苏关系正常化的历史作用。在冷战终结的前夕——而不是之后——实现关系正常化,对中国、苏联及其主要继承者俄罗斯来说都有着无可估量的积极意义,其最大的价值在于奠定了中苏、中俄关系较为稳定的基调,使它们在不久后突然面临国际大变局时有了一个较大的战略回旋余地。

附录

本章大事年表

1979 年

    1 月 1 日　　　　中美正式建交;中国人大常委会发表《告台湾同胞书》

    4 月 10 日　　　美国卡特总统签署"与台湾关系法"

1981 年

    1 月　　　　　　美国总统里根上台执政

    9 月　　　　　　波兰团结工会全国代表大会召开

    9 月 30 日　　　叶剑英发表关于和平解决台湾问题九点方针的讲话

    12 月　　　　　里根总统签署第 12333 号行政命令《美国情报活动》

1982 年

    2 月　　　　　　邓小平公开提出"一个中国、两种制度"

3 月 24 日	苏联领导人勃列日涅夫发表塔什干讲话
3 月 26 日	中国外交部第一次新闻发布会
5 月	中国第六届人大通过政府工作报告中的"一国两制"政策
8 月	中国外交部苏欧司司长访问莫斯科,表达中国政府改善中苏关系的意愿
8 月 27 日	中美联合发表《八一七公报》
9 月 24 日	邓小平会见英国首相撒切尔夫人
10 月 —1988 年 6 月	中苏副外长级特使磋商
10 月 3 日	第一轮中苏特使磋商在北京举行
11 月	勃列日涅夫去世;中国外交部长黄华访苏出席葬礼

1983 年

3 月 23 日	里根总统宣布实施"战略防御计划"研究项目
9 月	中国代表在联合国安理会讨论韩国客机事件的表决中投票支持苏联

1984 年

2 月	苏联领导人安德罗波夫去世;中国副总理万里访苏出席葬礼
5 月 31 日 —6 月 16 日	中国总理赵紫阳访问西欧六国
6 月	邓小平宣布对香港政策 50 年不变
11 月	中国国家主席李先念访问西欧三国
12 月 19 日	中英签署关于香港问题的联合声明
12 月	苏联部长会议第一副主席阿尔希波夫访华

1985 年

3 月	苏联领导人契尔年科去世;中国副总理李鹏访苏出席葬礼
5 月 4 日	邓小平会见缅甸总理吴奈温,阐述中国外交方针的调整
6 月	中苏达成在列宁格勒和上海互设总领事馆的协议
6 月 2 日—19 日	中国总理赵紫阳访问西欧三国

1986 年
  6 月　　　　　　中共中央总书记胡耀邦出访西欧四国
  7 月 28 日　　　苏共中央总书记戈尔巴乔夫在海参崴发表演讲
1987 年
  12 月 8 日　　　苏联与美国签署《中程核力量条约》
1988 年
  7 月　　　　　　越南单方面宣布从柬埔寨撤出 5 万名越南军队
  7 月 25 日　　　越南与柬埔寨各方举行撤军问题谈判
1989 年
  5 月 15 日—18 日 戈尔巴乔夫访华,中苏关系正常化

重要知识点

"重振国威"　战略防御计划　"与台湾关系法"　《八一七公报》
独立自主　不结盟　全方位开放　"一国两制"　《中英关于香港问题的联合声明》　塔什干讲话　中苏特使磋商　"三大障碍"　戈尔巴乔夫访华

思考题

  1. 80 年代美国的冷战战略。
  2. 中国外交方针调整的内外动力和主要内容。
  3. "一国两制"的理论和现实意义。
  4. 中苏关系正常化的进程和历史意义。

延伸阅读

钱其琛:《外交十记》,世界知识出版社,2003 年。

傅耀祖等编:《邓小平的外交艺术》,中共中央党校出版社,1999 年。

刘金质著:《冷战史(1945—1991)》(下册),世界知识出版社,2003 年,第 18—21 章。

[美]沃尔特·拉费伯尔著:《美国、俄国和冷战(1945—2006)》,牛可、翟伟、张静译,世界图书出版公司,2012 年,第 12 章。

[挪威]文安立：《全球冷战：美苏对第三世界的干涉与当代世界的形成》，牛可等译，世界图书出版公司，2012年，第9—10章。

[美]安德鲁·内森、罗伯特·罗斯：《长城与空城计：中国对安全的寻求》，新华出版社，1997年。

[美]哈里·哈丁：《脆弱的关系：1972年以来的美国与中国》，袁瑾等译，三联书店(香港)有限公司，1993年，第4—10章。

高瞻著：《走向大国之路：邓小平与中美建交二十年》，天津古籍出版社，2005年，第1—3章。

刘丽华、张仕荣著：《美国台海政策的演变分析1945—2007》，内蒙古大学出版社，2007年，第2章。

宋连生著：《穿越台湾海峡的中美较量》，云南人民出版社，2001年，第7、8章。

齐鹏飞著：《邓小平与香港回归》，华夏出版社，2004年。

施汉荣著：《"一国两制"与香港》，广东人民出版社，1995年。

沈志华主编：《中苏关系史纲(1917—1991)》，社会科学文献出版社，2011年，第4篇。

[英]彼得·琼斯、西安·凯维尔：《中苏关系内幕纪实(1949—1984)》，郭学德等译，中国经济出版社，1994年，第13、14章。

王奇编著：《二战后中苏(中俄)关系的演变与发展》，清华大学出版社，2000年，第9章。

结语：中华民族复兴之梦

1989 年 6 月以后中国的外交历程，有更多值得书写的东西。但正因为值得写的东西太多，反而有点无从着手，不仅由于头绪繁杂，还由于每个头绪所能参照的有价值资料和研究成果颇为有限。因此，很难像对待此前 40 年的中国外交历程那样，先凝练出一些大的主题，然后用工笔画的手法比较清晰地描绘出每个主题的发展脉络。故而，笔者准备改用泼墨画的手法，简单叙述一下 1989 年以来中国外交的大趋势。

攻克难关

自 1989 年以来，尽管中国领导集体屡有更替，但中国外交的指导方针并无多大变化，依然根据 20 世纪 80 年代中期确定的宗旨，即以"多边缓和"的手段，为中国的改革开放和经济建设营造和维持宽松稳定的国际环境。这是一项极其艰难的工作，尤其是在冷战结束之际，中国因八九年政治风波面临巨大国际压力的情况下。但是，中国政府依据邓小平定下的"冷静观察，站稳脚跟，沉着应付，韬光养晦，善于守拙，绝不当头，有所作为"的外交原则，顶住了各种压力，驾驭中国的改革开放之舟穿越了冷战终结时的惊涛骇浪。

全面融入世界经济

获取冷战全面胜利的美国及其西方盟友逐渐意识到它们在国际舞台上并非无所不能。一方面，它们需要用巨大的精力来消化它们在欧洲获得的胜利果实，另一方面，中国政府坚定、灵活的外交立场也使它们感到无从下手。于是，到 1993 年 1 月克林顿（William Jefferson Clinton）政府上台后，美国逐渐放弃了"以压促变"的对华方针，改而实行所谓的对华"全面接触"政策，中国与西方世界的关系慢慢地回复到正常的轨道。中国政府利用这种较为有利的国际环境，展开积极的外交努力，加速融入世界经济循环圈的步伐，终于在 2001 年年底实现了加入"世界贸易组织"（WTO）的目标。

上海合作组织

与此同时,中国在周边外交方面也取得了较大的进展。从 1996 年 4 月中国、俄罗斯、哈萨克斯坦、吉尔吉斯斯坦、塔吉克斯坦五国举行上海元首会晤起,中国与俄罗斯和中亚国家之间的关系日趋融洽;至 2001 年 6 月"上海合作组织"正式建立并接纳乌兹别克斯坦加入,中国与这些北方、西方邻国的合作不断强化,从最初增强边境地区国防安全信任扩展到加强政治、经济、文化、科技交往和共同打击国际恐怖主义的全方位合作。上海合作组织的建立和发展,大大改善了中国的战略态势,可谓冷战后中国外交最大的成就之一。

经济高速增长

随着国际环境的改善,中国国内的经济建设也取得日益巨大的进展。从 90 年代中期起,中国的国民经济步入了持续的高速增长期,GDP 增长率达到年均 9％以上的速度;按国际货币基金组织的统计,中国的 GDP(台港澳地区除外,下同)总额从 1990 年的 3 878 亿美元(全球排名第 10,约占全球 GDP 总额的 6％)增长到 2000 年的 1 1928 亿美元(全球排名第 6),再到 2015 年的 10.4 万元美元(全球排名第 2),相当于美国的 58％,约占全球 GDP 总额的 15.5％。中国经济的快速增长,令全世界各国刮目相待。早在 1998 年 6 月,福特、卡特和老布什三位美国前总统和 24 位前美国政要在给美国国会的一封公开信中称要重视美中关系,因为"中国注定要在 21 世纪中成为一个伟大的经济和政治强国"。

战略机遇期

中国政府和民众更加充分地意识到,经过 20 多年改革开放的努力,中国在新世纪初拥有了较好的国际机遇和国内条件,中华民族伟大复兴的机会已经来临,这种意识表达为"战略机遇期"概念。2002 年 5 月,中国国家主席江泽民在一次讲话中明确提出:进入新世纪,我国进入了全面建设小康社会,加快推进社会主义现代化的新的发展阶段;要紧紧抓住 21 世纪头一二十年这一"重要战略机遇期",坚定不移地实现全面建设小康社会的奋斗目标。

严峻的挑战

新世纪 10 多年来的事态证明了"战略机遇期"的判断完全正确,且这种机遇期的时段或许比预想的更长一些。但正所谓"机遇与挑战并存",我们的前途依然有着荆棘坎坷。除了经济高速发展必然带来的诸多社会、经济、政治、文化、环境等难题亟待解决和缓解外,国际局势也并非风平浪静。中国国力的不断壮大必然引起了诸多反弹,自 90 年代初起,以各种面目出现的"中国威胁论"像一个幽灵一样始终飘荡在国际舞台上,时而被中国的战略竞争对手利用,对中国的和平外交构成掣肘。

光明的前景

然而,回顾一下几十年来中国外交艰难曲折的历程,再认识一下共和国岿然屹立且不断壮大的事实,我们就能够从中获得充分的信心:只要中国人民团结一致、万众一心,既保持高尚的爱国主义热情,也谨防盲目的民族主义狂热,那么,再大的困难都能克服,中华民族的伟大复兴之梦一定能够实现!

附录

延伸阅读

杨洁勉著:《大合作:变化中的世界和中国国际战略》,天津人民出版社,2005 年。

李少军主编:《国际战略报告:理论体系、现实挑战与中国的选择》,中国社会科学出版社,2005 年。

叶自成著:《中国大战略:中国成为世界大国的主要问题及战略选择》,中国社会科学出版社,2003 年。

徐敦信主编:《新世纪初世界大势纵论》,世界知识出版社,2005 年。

杨恕、张新平主编:《21 世纪国际环境与中国外交》,兰州大学出版社,2005 年。

上海社会科学院俄罗斯研究中心:《当代国际关系体系转型 中国与俄罗斯的应对与抉择》,上海人民出版社,2010 年。

陆钢等著:《中国威胁谁:解读"中国威胁论"》,学林出版社,2004 年。

李敏伦著:《中国"新安全观"与上海合作组织研究》,人民出版社,2007 年。

[美]蓝普顿著:《同床异梦:处理 1989 至 2000 年之中美外交》,计秋枫译,香港中文大学出版社,2003 年。

陶文钊主编：《冷战后的美国对华政策》，重庆出版社，2006 年。

楚树龙著：《冷战后中美关系的走向》，中国社会科学出版社，2001 年。

楚树龙、耿秦主编：《世界、美国和中国——新世纪国际关系和国际战略理论探索》，清华大学出版社，2003 年。

王立新著：《意识形态与美国外交政策：以 20 世纪美国对华政策为个案的研究》，北京大学出版社，2006 年。

［美］迈克尔·H. 亨特著：《意识形态与美国外交政策》，褚律元译，世界知识出版社，1999 年。

索　引